JN309928

問う！　高校生の政治活動禁止

——18歳選挙権が認められた今

編著者　久保友仁
小川杏奈（制服向上委員会会長）
清水花梨（制服向上委員会10代目リーダー）

目次

はじめに 6
第一章 制服向上委員会の挑戦——中高生「社会派アイドル」の経験から 11
・一人ひとりが自分の意見を持てる社会に 13
小川杏奈（制服向上委員会3代目会長・大学3年生）
・未来にとって良くないことは良くない 20
清水花梨（制服向上委員会10代目リーダー・大学1年生）
・政治について発信することが未来を変える 27
橋本美香（制服向上委員会名誉会長）
・私が想う学校、社会、日本、世界そして個人について 29
高橋廣行（制服向上委員会プロデューサー）
●インタビュー 31
小川杏奈（会長）
清水花梨（10代目リーダー）
司会 久保友仁

第二章　「高校紛争」と「69通達」　57

第三章　「69通達」と教育基本法・子どもの権利条約　111

凡例

・数字は原則として算用数字を用い、引用文の漢数字も原則として算用数字に改めた。
・年号は原則として西暦を用いた。ただし、引用文中の和暦は、そのまま表記した。
・史料のカタカナ遣いについては、戦後の史料についてはひらがなに改め、戦前の史料についてはカナのまました。
・行政文書・法令の「よつて」「じゆうぶん」等の文字使いについては、小文字に改めた。
・参考書籍については、タイトルを『』で囲い、その後の（）内において編著者、出版社、発行年の順で記載している。
・教育基本法について、原則として旧法で記載している。

表紙カバー写真　２０１５年８月30日、国会前で安保法案に歌で反対を訴える「自由の森学園」生徒たち

表紙デザイン・写真　根津進司

はじめに

声を上げる高校生

２０１１年９月19日、東京・明治公園で開かれた、「さようなら原発・１０００万人アクション」の反原発集会において、アイドルユニット「制服向上委員会」の９代目リーダー・小川杏奈さん（18歳・当時）は、６万人の聴衆を前に、次のように訴えた。（注１）

「私たちが脱原発の歌を歌うようになってから、『子どものくせに』とか『何にも知らないくせに』という批判もたくさんありました。」

「この原発事故は、私たち中高生にも関わる大きな問題です。だから、自信を持って大きな声で、脱原発を訴えていきたいと思います！」

筆者もこの日の集会に参加していたが、この決意表明は、会場中から熱烈な拍手と激励をもって迎えられたことは付記しておきたい。

１９６９年の文部省通達（「69通達」）とは

この制服向上委員会の発言が、なぜ驚きをもって迎えられたのか。時は１９６０年代にまでさかのぼる。

1969年1月の東大闘争（安田講堂決戦）に象徴される学園闘争は、全国の大学に波及するに留まらず、全国の高校にも、高校「紛争」という形で広がりを見せた。高校紛争は、全校集会、バリケード封鎖、対教師糾弾、卒業式粉砕、反戦送答辞など様々な形を見せ、全国的に多くの逮捕者や退学処分を乱発した。

そんな中で文部省（当時）が1969年10月31日に出した通達「高等学校における政治的教養と政治的活動について」（以下「69通達」という）が、〝国家・社会としては未成年者が政治的活動を行なうことを期待していないし、むしろ行なわないよう要請している〟として出され、これが今日的にも多くの問題を包含しているのである。

高校紛争とは一体何であったのだろうか。

ところで、1989年、国連は「子どもの権利条約」を採択、日本では、署名・批准の閣議決定・国会承認を経て、1994年5月22日発効するに至った。この子どもの権利条約の視点から、「69通達」は認められるものであろうか。

筆者は、2001年9・11米国同時多発テロが起きた時、高校2年生であった。アメリカによるアフガニスタン侵略戦争、続くイラク侵略戦争に黙っていることはできなかった。連日のようにデモに参加したり、署名を集めたり、時には高校生として集会で発言したり、記者会見を開いたりもした。ちょうどその頃になって「69通達」の存在を知るのである。

本書で詳細を明らかにしているが、筆者は当時、子どもの権利条約に関して活動を行っていた「子どもの声を国連に届ける会」の事務局員であり、２００４年に行われた国連審査に際して、この「69通達」の問題を取り上げた。国連委は、この時の審査で是正勧告を出している。

それから11年。２０１５年になって、長過ぎる空白期間の後、文科省は18歳選挙権導入の公選法改正に伴って「69通達」見直しを明言することになる。通達発出から46年。本当に通達は見直されるのか。それは「見直し」と言えるものなのか。

本書発刊の意義

本書執筆にあたっては、多くの良書を参考にさせて頂いた。高校紛争に関する書籍、教育基本法に関する書籍など多くの資料を参照させて頂いている。文中多くの引用をさせて頂いており、稿によっては個別の注釈を付せていないところもある。何卒ご容赦賜りたい。

「69通達」に関連して、高校紛争、教育基本法、子どもの権利条約など個々の専門書は数多くある。しかし、その中にあって「69通達」そのものを横断的に検証した資料はないはずである。専門家でもない筆者が、限られた条件の中で、あえて出版を敢行する意義は、まさにそこにあると考える。高校生の政治活動禁止がどのような問題を含んでいるか、トータルな視点から考える一助となれば幸いである。

高校生の政治活動禁止の問題点

『高校紛争1969―1970』（小林哲夫著、中公新書、2012年）は、最終章において、以下のように警告している。(注2)

「『政治活動の禁止』は実にこわいフレーズである。『活動』できない以上、『政治』を考えることをやめてしまう。政治に興味を持たなくなる。こうなると、社会に対して思考停止状態になりかねない。社会に関心を持たせない、もっと言えば高校生が批判的なものの見方を身につけることを妨げる。そうなりはしないか。『禁止』という発想は、人格形成、精神的成長という点から見れば、きわめて危険である。」

「まだ高校生なのだから声をあげるべきではないという考え方は、成熟した国民国家にはなじまない。そもそも社会に関心を持たせないというのであれば、なんのために、高校生に『日本史』『世界史』『現代社会』など社会科科目を教えているのだろうか。69年の文部省見解は再考すべきだろう。」

高校生が社会の仲間として、主権者として、社会の問題を考え、自由に声を上げることのできる社会へ！　そのためには「69通達」の考え方ではダメなのだ。

注1：https://www.youtube.com/watch?v=RKomRlbm_Hk

注2：『高校紛争1969―1970』（小林哲夫著、中公新書、2012年）280頁以下。

第一章　制服向上委員会の挑戦
――中高生「社会派アイドル」の経験から

制服向上委員会主催の「戦後70年記念　NO NUKES NO WAR 4．25 日比谷平和パレード」（2015年）

制服向上委員会とは

制服向上委員会は、「清く、正しく、美しく」をモットーに、1992年結成され、本年2015年で結成23年目を迎える日本最長の「アイドルグループ」である。中高生を中心に「歌える場所があればどこへでも」の精神で活動し、ライブやボランティア活動に取り組んでいる。歩行喫煙禁止、いじめ追放、ベトナム枯れ葉剤の被害、ストーカー規制など多様な社会問題に取り組んできた。

2011年の3・11東日本大震災と福島第1原子力発電所事故を受けて「ダッ！ ダッ！ 脱・原発の歌」をリリース。大反響を呼び、全国各地の反原発デモ・集会に参加して脱原発を訴えた。マスコミからも「脱原発アイドル」として注目されることになる。

2015年には、4月25日に、戦後70年記念として、東京・日比谷野外音楽堂において「NO NUKES! NO WAR! 4・25 日比谷・平和パレード」を主催。メンバーを先頭に、銀座の街をパレードした。

安倍政権に対しては、憲法9条を守る立場から強く批判。2015年6月には、神奈川県大和市で、「憲法9条やまとの会」が主催し市と市教委が後援したイベント「若者と国家 自分で考える集団的自衛権」においてライブを披露。しかし、「大きな態度の安倍総理」（「おじいさんと同じ」）、「本気で自民党を倒しましょう」「諸悪の根源自民党」（「Ｏｈズサンナ」）と訴える楽曲に対して、自民党市議が「政治運動、倒閣運動、反政府運動」であり、行政が後援するのは問題があると激昂。市が事後に後援を取り消す騒動となった。

「『右翼』でも『左翼』でもなく、『きよく』なのだ」とのスタンスに立ち、「ブス」という中傷にも「ブスと言っても私たちは安倍政権の悪い所をいっぱい発見したコロンブスです！」と切り返している。

●一人ひとりが自分の意見を持てる社会に

小川杏奈（制服向上委員会3代目会長・大学3年生）

今の日本について思うこと

原発について……3・11の大地震により、今まで安全だと言われ続けてきた原発が事故を起こし、4年過ぎた今も収束できていないのが現実です。地震の多いこの国で、2度と同じようなことが起きてほしくない！　そしてこんなにも危険なものは日本に、そして世界にあるべきではない！　と強く思います。しかし、未だに事故が収束していないにも関わらず、経済の優先ばかりを考え、危険な原発を海外に売ろうとするのは、どう考えてもおかしいと思います。経済を豊かにすることよりも、まずは1日でも早く原発事故の収束をし、原発のない安心で安全な社会を目指してほしいです！

辺野古新基地移設について……「地球は人間だけのものじゃない いろんな生き物 みんなのもの」これは制服向上委員会の楽曲「Alive」の歌詞の一部です。日本の天然記念物であるジュゴンも辺野古の海に暮らす生き物たちも、海を埋め立ててしまえば、見殺しにされてしまいます。「地球は人間だけのものじゃない」と私は強く訴えたいです。海に暮らす生き物たちのことももっと考えてほしいです。自然を破壊してまで、辺野古に新基地を移設しなくてはいけないのでしょうか。本当に大切なのことは何なのか、よく考えてほしいです。また、辺野古の問題は名護市の人たちだけの問題ではなく、日本の問題です。遠くに住んでいる自分には関係ないと思っている人たちにも、よく考えてほしいです。

憲法9条について……私たちの楽曲「World Peace Now」では、「戦争は知らない私たちだけど戦争がよくないことは知っている」と歌っています。戦争体験をしていない私でも、戦争で家族を失ったり、傷つけ合うことで誰もが今よりももっと幸せに暮らせるとは思いません。そんなことは戦争を体験していなくてもきっと誰もがわかることだと思います。どんな理由があっても戦争は良くない！　争い合うのではなく、話し合うことが大切なことだと思います！　今年で戦後70年になりますが、10年後も１００年もそのずっとずっと先も、日本は戦争をしない国であってほしいです。そのためにも、憲法９条を守りたいです！　未来の子どもたちのために……。

三つのことに共通して言えることは、政治家だけで話をどんどん進めずに国民の意見にもっと耳を傾けてほしいということです！　そして、マスコミは報道操作はせず、真実を伝えてほしい！　そう強く思います！

若い世代の声をしっかり聞いて

「子どものくせに」とネットで批判された時には、子どもは、自分の意見を言ってはいけないの？　と疑問を抱きました。確かに、社会問題について発言したり、脱原発を訴えたりしている中高生を見たら生意気だと思われてしまう部分もあると思います。しかし、何も考えず生活している大人より、自分の意見を発信できる中高生の方が立派だと思います。子どものくせにとバカにするのではなく、日本の未来を担う若い世代の声もしっかり聞いてほしいです！

若いうちから様々な社会問題に興味を持つことはとても大切なことだと思います。難しい問題だから政治は大人に任せておけばいいと考えずに、自分たちが暮らすこの国が、もっと安心して暮らせるようにする為には何が大切なのか、未来のために何ができるのかを考えることは重要だと感じます。今は、政治のことなんて興味ないと思っている中高生にも、私たち制服向上委員会の歌や活動を通して中高生の子が社会問題を考えることのきっかけになれたら嬉しいです。

3・11以降、脱原発アイドルと言われるようになり、今までよりも注目される機会が増えた一方で、親や親戚から「危険な活動をするグループ」「脱原発活動をしていたら将来就職できない」と言われ、辞めていったメンバーもいました。正直言えば、脱原発の歌を1日でも早く歌わなくてもいい日が来ることを願っています。何かに対して反対の声をあげ続けることは疲れるし、批判的な意見を聞いて落ち込むこともあります。しかし、自分たちの未来にも大きく関わる問題だからこそ、制服向上委員会は歌い続けなくてはいけないのだと思います。平和で安心して暮らせる日本になることを願って……。

大和市の後援取り消しで表現の自由を考える

今までも様々なイベントで政治批判をした歌を歌ってきました。もちろん、反対するような意見もたくさんありましたが、ここまで大きくTVやネットで話題になることがなかったので正直驚きました。そして、10代の子たちに言われたことに真っ向から反撃してくる自民党にも驚き、器が小さいと思いました。自民党批判の歌を歌ったメンバーに対して批判の声をあげるのではなく、自分の党の仲間たちに対して、中高生に馬鹿にされている今の現状ではダメだと話し合ってほしかったです。

今回の騒動をきっかけに、３・11以降歌ってきた政治批判の楽曲の歌詞を読み返してみると、今まで歌っておきながらも「過激だな」と思うところもありました（笑）。私の個人的な思いとしては、政治批判をするだけでなく、ではこれからどうしたら良いと思うのかを提案したり、みんなで考えていけるような歌詞も、もっと含まれたらいいのではないかと感じました。

今回の騒動では、批判的な意見が多く出た中で、怖いと思うこともありましたが、反対意見も応援のコメントもどちらの意見も聞くことができたことは結果としては良かったのではないかと思います。今後も、私たちの活動に関して、応援の言葉だけでなく批判の声があがることもあると思いますが、様々な意見を聞いた中で、自分はどう思うのかを考えてながら、活動していきたいと思います。

私たちが政治批判の楽曲を歌ったりメッセージを発信できるのは表現の自由が許されているからです。しかし、日本は自らその表現の自由を規制するような人が多く、批判をすること、反対意見を言うことは悪いことだと思っている人がたくさんいるのではないかと思います。その結果、何か意見があっても決して良いとも悪いとも言わず、どこか他人任せな雰囲気が感じられるのかなと思います。

誰もが、立場や年齢を気にせずに、意見を交換し合えるような社会になってほしいです。表現の自由が許されていることはとても素晴らしいことだと思います。もしも表現の自由が許されていなければ、私たちは今現在のように政治の批判をした曲を歌うことも、脱原発の歌を歌うこともできません。しかし、日本では自主規制することが多く、私たちが脱原発の歌をリリースし、キャンペーン活動を行った際に「この会場で、脱原発の歌は歌わないでください」と言われ、キャンペーンが中止になってしまったこともありました。

もっと多くの人たちがメッセージを発信し、自分の思いを伝えていけるような国になってほしいと思います。また、一人ひとりが賛成も否定もせず、何も意見を言わないような国よりも、一人ひとりが自分の意見を持って行動していって欲しいです。

制服向上委員会に入って

このグループに入って、世の中には私の知らないことがたくさんあること、そして自分に関わる問題でも今まで全く関心を持っていなかったことがたくさんあることに気付かされました！

また、「聞くは一時の恥　聞かぬは一生の恥」ということわざがあるように、わからないことをそのままにすることの方が恥ずかしく、わからないことをわからないと発言できる方が立派だということも実感しました！

3・11以降は今まで以上に社会問題について、メンバー間で話し合ったり、自分の考えを伝えたりする機会が増えたことで、TVでは報道されていないたくさんの真実も知ることができました。そして、たくさんある情報の中で何が正しいのか、自分は何を信じるのか、しっかりと情報選択をすることが大切で、何でも鵜呑みにしてはいけないということも学びました。このグループで学んだ多くのことは、きっとこれからの私にも役立つことがたくさんあると思います。今後もグループのメンバーであることを誇りに思い、グループに恥じない人生を歩んでいきたいです。

私は、制服向上委員会の活動を通して様々な社会問題を学んでいました！　きっと制服向上委員会に入っていなかったら「原発ってなに？」「辺野古ってどこ？」と何もわからずに過ごしていたと思います。そういったことを考えると、制服向上委員会が様々な社会問題を知り考えるきっかけを与えてくれています。

こうして振り返ってみると、中高生の時はテストのために勉強しているような感じでした。学校によって、あるいは授業の担当の先生によって内容や進め方が異なると思いますが、授業の中で政治や社会問題に対し、ディベートをしたり、班ごとに興味のある社会問題について調べ、発表したりするなどの時間を多く設けてもらえたら良かったのではないかと思います。先生方には、授業を通して、政治や社会問題について興味を持つきっかけを作っていってほしいです。

中高生に訴える

まずはよくわからないことを、調べてみたり誰かに聞いてみたりすることが大切だと思います。難しいと思うようなことも、自分には関係ないと考えずに、一つ一つの問題に対して、自分ならどう思うのかを考えていけたら良いと思います。中高生には、経済の豊かさだけに捉われた、汚い政治家たちのように生きるのではなく、一人ひとりの心が豊かになる暮らしを考えて生きられる人になってほしいです。そんな方が増えたら、日本の政治も良くなるのではないかなあと思います。

原発のこと、辺野古新基地建設のこと、憲法9条のこと……今の日本にはたくさんの問題がありますが、未来を担う私たちが安心で安全に暮らせる日本にするために、大切なことは何か？一緒に考えて行きましょう！

●未来にとって良くないことは良くない

清水花梨（制服向上委員会10代目リーダー・大学1年生）

脱原発、沖縄辺野古基地問題、そして憲法9条

私たちは、3・11以降、原発事故の恐ろしさを知り、脱原発を訴えて活動しています。危険な原発は日本、そして世界のどこにもいりません。

目には見えない放射能は本当に恐ろしい。３・11から4年経過しても何も変わらず、被災者の方の多くが仮設住宅で暮らしている現状、原発事故はまだ収束していないことをもっと多くの国民が知るべきだと思います。

そして辺野古の基地移設問題。安倍さんは「辺野古の基地移設が唯一の解決策」と言っていますが、沖縄の人にとっては一体何が解決するのか？　私は疑問に思います。そんな中、アメリカに直接行き、辺野古の基地移設反対を訴える翁長知事や綺麗な海を守ろうと市民の代表として安倍政権と闘う稲嶺名護市長。そして「決して屈しない」と心を一つにする、うちなんちゅうの姿に心を打たれ、私も辺野古の基地移設の問題は、沖縄だけでなく日本全体の問題としてもっと多くの人が関心を持つように、沖縄の人の思いを伝えて行きたいと思っています。

そして、私たちの未来にも大きく関わる問題の憲法９条改正問題。憲法９条があるから今の平和な日本があるわけで、憲法を改正して自衛隊が世界のどこへでも出動できるようにすることで他国からの抑止力に繋がるとは私には思えません。

難しい言葉を並べるのではなく、誰にでも分かる言葉でどんな国にしたいのか、国民の代表として明確に意見を言うべきだと思います！

そして、私は一体、憲法９条のある日本にどこの国が攻めてくるのだろう？　と疑問に思います。戦争を経験していない私たちだって戦争がよくないことは知っているし、戦争からは何も生まれません。過去の過ちを認め、２度と同じ過ちを繰り返さないようにするべきだと思います。

子どもとして、アイドルとして

「子どものくせに」、この言葉は何度言われたことでしょう。確かに私たちメンバーは未成年で親の扶養がなければ生きていけません。だけど、だからと言って日本で起こっている問題について意見を言ってはいけないのですか？

戦争が起こるとなったら、私たちの10代、20代、そしてこれから生まれてくる子どもたちに一番関わってくる問題なのに。

さらに、アイドルなんだから、政治的なメッセージは言わないでほしい、とも言われました。アイドルだと政治的なメッセージ、これからの日本についての思いを言ってはいけないのですか？　今の日本は、アイドルといえば可愛い衣装を着て、可愛らしい曲を歌ってというイメージが強いみたいですが、私たちは「アイドルとは誰かの心に輝く存在である」とプロデューサーから学び、アイドルだってなんだって意見を言うことは悪いことじゃないと思っています！　メッセージがない歌なんて、ないですしね。

子どもたちの思いに耳を傾けて！

大人になったら急に政治について意見を持つことができるのですか？　私は子どものうちから

日本、世界の問題に目を向け自分の意見を持つことが大切だと思うし、それが普通にできる社会になってほしいと思っています。

今、国会で審議していることはこれからの日本についてのこと。だからこの日本の将来を担っていく私たちが社会問題に目を向け、おかしいことはおかしい！　と声を上げることは大切だと思います。そのためにも学校教育が変わっていくことも大事だと思います。歴史をただ覚えるのではなく、過去の出来事を知り、自分はどんな意見を持つのか、その意見を友だちと交換できるような場が学校教育の中で出来たらいいと思います。

学校の授業には、まだまだ満足していません。先生たち自身も社会問題について自分の意見を言ってはいけないという思いがあるのか、社会問題の話は授業でもさらっとふれるのみでした。授業でただ歴史を学ぶだけではよくないと思うし、18歳からの選挙権が出来たのだからこそ、もっと授業で社会問題に目を向け、反対でも賛成でも自分の意見を持てる子が増えるようにするべきだと思います。

そして、子どもの意見だからと言って聞き流すのではなく一人の日本人として自分の思いを伝えてるのだから、大人たちは子どもたちの思いにも耳を傾けるべきだと思います！

両親は私のやりたいことをやりたいようにやらせてくれて応援してくれていますが、親戚にはこの活動に反対してグループを辞めた方がいいと言われたこともあります。私の将来のことや就職のことを考えてだと思いますが、政府の政策について反対することが、どこかいけないことではないか、という思いが日本全体にはまだあるのだと改めて実感しました。

だけど私は自分たちの未来のためにこのまま平和な日本であるために自分の思いを発信しているだけで、間違ったことはしてないと思っています。将来大人になって、あの時しっかり自分の思いを伝えればよかった。と悔いが残らないためにも。

まだ勉強不足な部分もあるけれどたくさん勉強し、知識を増やしたいと思います。

大和市の後援取り消しにも負けない

私たちはいつも通り日本の政治についてよくないと思うことを歌やメッセージにして発信しただけだし、いろんな意見があっていいと思うし、どちらの意見も言える日本は良いと思うと発言していたので、今回の件は驚きました。

さらに中高生の女の子に批判されただけで、騒ぐなんて小さい大人だなと思いました。表現の自由があり、いろんな意見を言い合えるのが良いと思うので表現の自由がなくなるのは悲しいことだと思います。

今回、大和市の件でメディアに多く取り上げていただき、私たちのことを知らない方もこんな子たちがいるんだ！　とわかってもらえたと思います。批判の声もたくさんあって、少し怖いと思うこともありました。けれど、逆に応援して下さる方の温かいメッセージに励まされ、こんな事でくじけちゃダメだ！　と思えました。反対の声もその意見に対して自分たちはどう答えるのか。反対から見てみるとこんな意見もあるんだというまた一つ勉強になったので、賛成、反対どちらの意見も大切にし、今後も自分たちの思いを伝えて行きたいと思います。

制服向上委員会の活動に参加して

このグループに入り、本当に多くの社会問題を知ることが出来ました。まずは、知らないって本当に怖いなということで、日本で起きている問題なのにこんなに知らないことが沢山あって恥ずかしいと思いました。

ニュースで流れている情報が全て正しいのではなく、自分で調べて判断することが大切だと分かったし、今後社会に出て行く一人として日本や世界で起こっている出来事に目を向け自分の意見を持つ習慣がついたので自分の人生の糧になりました。

このグループに出会えたから、私が大人になっても恥ずかしくない人生を送れると思い、感謝しています。

恥ずかしいことに、3・11以前は原発というものの存在も知りませんでした。事故が起きてから原発事故のニュースを見て、こんなに危険なものがあると知りました。メンバー間でミーティングをした時に福島の現状や目に見えない放射能の怖さ、そしてすぐに発症するのではなく何十年後かに発症するという恐ろしいことも知りました。

さらに、福島の原発事故で被災された双葉町の方が避難していた埼玉県の加須市にある旧騎西高校を訪れ、実際に福島原発周辺に住んでいた方や原発の中で働いていた方の話を聞きました。みなさん故郷が大好きで、どんなところが好きだったかとか、何が美味しいとかたくさん話もしてくれました。そんなみなさんの故郷を一度に奪う原発、改めて原発はいらないと思いました。

辺野古の基地移設問題もニュースでは見ていたけど、現地でこんなに大変なことが起こっているとは知らなかったし、辺野古の基地移設のドキュメンタリー映画「圧殺の海」を観て勉強したりもしました。

日頃からニュースだけでなく、現地の方の意見を聞いたり展示や映像を観たりして自分がどんな思いや意見を持つか考えるように心がけています。

制服向上委員会は「普通の女の子」

私たちは特別な存在ではなく、普通の女の子です。自分たちの未来にとって良くないことはよくないと言っているだけです。反対することは悪いことじゃないし、いろんな意見があるからこそその中から正しい答えが出てくるのだと私は思います。難しいことがわからなくても、戦争は嫌だ、原発は危険だ、とか単純な思いでいいからまずは自分の意見を相手に伝えることが大切だと思います。私たちは普通の女の子なんです。

●政治について発信することが未来を変える

橋本美香（制服向上委員会名誉会長）

今の日本をとりまく状況について

「原発は安全。新たに基地を作ろう。9条は解釈変えよう。戦争の後方支援充実」こんな安倍政権は間違っています。しかし自民党に対抗する策がないのも事実だと思います。本気で対抗策を考えなければ、どんなに反対しても自民党の意のままに進んでいきます。「原発ゼロ。基地はいらない。憲法9条を守る。」これを実現する為の策をみんなで考えましょう！

中高生が社会の問題に声を上げることの意義

社会について考える事は、早ければ早いほど良いと思います。成人すれば突然考える力がつくわけではありません。未来を大人に任せきりにせず、自分で作ってゆく為にも！

制服向上委員会の活動を通じて学んだこと

制服向上委員会の活動を通じて、私でも何かの力になれるという事を学べました。身近で起きている問題について自分で考え発信する。自分がどのような環境、立場にいてもそれは変わりません。私の財産です。

中高生が将来を切り開く

中高生にとって、恋や夢を語っている方が毎日楽しいはず。でもそれは平和な毎日があるからこそ。１日の中で少しだけでも、政治を語りあって将来を考える。それが自分たちの未来を変えます。

18歳選挙権が認められた今……

18歳に選挙権を与えるならば、政治について発信する高校生についても認めるべきだと思います。

●私が想う学校、社会、日本、世界そして個人について

高橋廣行（制服向上委員会プロデューサー）

・学校……国民の義務として最低（少）学ぶべき事を国の政策として推し進めているのだろうが、一番大事な「考える」が抜けている。抜けている授業を幾ら受けても「抜けてる人間」しか育たないのであり、未来の日本は絶望的である。余談だが、宇宙飛行士に地球も宇宙の一つである事を教えてあげたい。

・社会……国民の抱く中流意識〝普通〟が大問題である。多くが貧富の差に気付く感性をも失い「普通」と想いジャンク・フードとコンビニ・ライフを強いられている。遺伝子組替え食品から各種汚染食品を、腹さえ満たせればと頬張る姿は正に実験農場である。

・日本……戦前・戦後を通して〝貧しさ〟が国民の魂に宿っており、あらゆる侵略（国、親、仲間、兄弟、心）がまかり通っている。儲かるなら何をやっても良いと言うあさましさの仕上げがワビ、サビとして美化されているがウンコの上の御殿なのである。

・世界……地球の歴史を振り返れば人間がどれほど低級な動物かがわかる。原発事故は原発さえなければ起きなかったように、地球も人間さえいなければガラパゴスが地球を包み、美しい世界が続いていたのである。

・個人……人間は誰もがその人生の主役であり、自身にないものを羨まなければ楽しい人生を、

死を迎えるまで送れる。

何事も楽しめる心、と考えて理解する喜びを発見出来れば最高の人生が送れる。難しくはないが優しくもないから人生は楽しく、私は満足し続けている。従って知り合う・出逢う、あらゆる個人にその事を教えるのが仕事（役目）になり数人が理解してくれた。生き方を伝えるのが芸術であり、その魂の結晶が文化である。逆は犯罪なのだ。

人間は一人ひとり皆違うので〝平均〟も〝普通〟も意味がなく、現在の義務教育では〝個〟を殺す教育なので学校へは行かない方が健全なのである。

●インタビュー

小川杏奈（会長）
清水花梨（10代目リーダー）
司会　久保友仁

制服向上委員会に入ったきっかけ

久保：まず、お二人の自己紹介をお願いします。

小川：小川杏奈です。３代目会長に、先月就任しました。グループは小学校６年生の頃から活動していて、去年の秋に１回卒業して、今は会長という形でサポートさせて頂いています。

清水：10代目リーダーの清水花梨です。私も小学校４年生の時からこのグループに在籍をして、ずっとこのグループで活動していて、今はリーダーということで、一応みんなを引っ張っていっているつもりです。

久保：小川さんが小学校６年生、清水さんが小学校４年生の時から活動されていたっていう話なんですけど、そもそも制服向上委員会に入ったきっかけというのを教えてほしいんですが。

小川：はい。制服向上委員会は、過去は学校の先生方をお招きして制服のファッションショーを毎年開催していたんですね。そのモデルの募集をしていて、小学校６年生だったので、学校制服というものにすごく憧れがあったんですよ。制服がいっぱい着れるファッションショーなんか珍しいし楽しそうみたいな、そういう本当に軽い気持ちで最初はそのオーディション受けました。

そして、そのファッションショーの方に参加させて頂いて、その時に制服向上委員会のメンバーも出ていて、その私たちの先輩にあたるメンバーたちが、ファッションショーをしながらも途中途中で歌ったりするんですよ。歌ったりダンスしたりとか。そういうのも見ていて何か楽しそうなことしてるなーみたいな。まさかそのグループに自分もどうですか、入りませんかって声かけてもらえるとは思ってなかったので、あの、気がついたらいた、みたいな感じですね。

清水：私もその同じオーディションで、あの、同期なので、同じ制服ファッションショーに受かって、そこから制服向上委員会のメンバーに入りました。その時に、制服向上委員会のメンバーが歌ったりしている姿が、すごいいいなー、憧れのような存在だったので、そのグループに入れて良かったなっていう思いは初めからありました。

制服向上委員会が取り組んできた活動

久保：その頃はまだ制服向上委員会っていうのは、ボランティア活動とか社会活動っていうのはそんなに大きくはやってなかったのですか？

小川：そういうボランティア活動も社会活動もやってはいるんですけど、注目されてなかった。

ここまでいろんな方に取材して頂いたりとか、取り上げて頂く機会がなかっただけで、全然やってなかったっていう訳じゃないんですよ。私たちが入る前も、脱原発の歌とかで話題になる以前も、ずっと何かしらその時その時で、気になる社会問題についてみんなで考えて、意見を出し合ったりとか、そのテーマを歌にしたりとかやってきていたので。でもそういう社会活動の方がちょっとメインになりつつある……のは、ここ最近かなって思います。

久保：どういう社会活動をやってきたのですか。

小川：先輩たちがずっとやってきていたのは、いじめ追放キャンペーンとか、歩行喫煙禁止のキャンペーンでタバコのポイ捨て。最近だと自転車のルールのマナーの向上をテーマに活動してるし、ベトナム戦争の被害の大きさを、枯れ葉剤の被害の大きさを、実際に目で見てみないと分からない、聞いているだけじゃ分からないよねっていうことで、先輩たちでベトナムに実際、平和村っていうところを尋ねて、被害の大きさとかを見て、感じて、それで帰ってきてからレポート、写真展とかをこう開いてお伝えするイベントとかをやったりとか……。

小川杏奈

清水：自転車とかポイ捨ての問題から、世界の戦争に向けての活動もあります。あとは絶滅危惧種について歌っている曲とかもあるし。

社会に声を上げるアイドルは「誰かの心に輝く存在」

久保：制服向上委員会っていうのは、アイドルとして歌も歌うし、そういう社会的な活動、ボランティア活動に取り組んだり、あるいはそれを歌にもしているし、そういうことに違和感を感じるような、これがアイドルなのかなと思う人もいると思うんですけど、その辺りはどうお感じですか。

清水花梨

清水：多くの人が思うのは、可愛いお洋服着て、可愛い歌歌ってっていうのが、アイドルっていうイメージなのかなって思うんですけど、私たちがプロデューサーから学んだのは、アイドルは誰かの心に輝く存在だよって。私たちは歌で発信していって、アイドルグループとして活動しているので。そういう可愛い服着て歌うっていうのじゃない。そういうのだけがアイドルじゃないよって私たちは思ってますね。

小川：やっぱり多くの人たちのアイドルというイメー

ジが、可愛い曲を歌う、それ以外のその社会問題とかはアイドルがやることじゃないでしょみたいな捉える人の方がけっこう多いんですけど、何か私たちもそんなに自分たちをアイドルですって思っている訳でもなくて……。

清水：本当に、今気になることを自分たちの目線で言っているだけ……なので。だから等身大の女の子です。

小川：アイドルグループが政治批判とか言うと、みんな注目しやすいから、そうやってアイドルって強調してきてくれる書き方をする方とか多いと思うんですけど、私たちすっごいアイドルなんですよ～みたいな思いはそこまで無くて。グループ紹介をする時とかも、「女子グループです」と言ったり最近はしているので、アイドルというくくりで見られることが、逆に自分たちのイメージを良くしないいんじゃないかなっていうふうに最近思います。

清水：よく言われます。アイドルだからそういうこと言わないで、みたいな。アイドルなんだからただ歌ってれば。アイドルだからこういうこと言っちゃいけないの？　って私は思います。誰がそんなこと決めたんだろう。

学校の先生は高校生の活動をどう見守ったか

清水：私たちのメンバーの中で、３・11が起きてから、文化祭でなんかこう取り上げるってなったときに、脱原発っていうか原発事故について取り上げようってなってたんですけど、学校の先生からは、色々な考えを持っている人がいるから、そういうのはやめた方がいいよっていうので展示ができなくなっちゃったっていうのは聞いたことがあります。

小川：先生も、なんかたとえば脱原発だとか原発推進とかどっちにもつかない、中立の立場であろうとする人も多いんだなっていうのは何となく感じます。先生の中でもいろんな方がいるので、ひとくくりにそうだとはいえないんですけど。

久保：学校の先生には、制服向上委員会でこういう活動をしているんだっていうのは話していましたか。

小川：担任の先生には……。やっぱりどうしても平日とかでもちょっと学校へ行けない日とかが仮にあったとしたら、そういうのは先生にはちゃんと言っといた方がいいのかなって思って。でも全然反対とかされずに、むしろ応援してくれて、ライブを見に来てくれたことがありました、先生が。あと、副担任の先生に、脱原発の大きいイベントでばったり会いました。チラシを配っていたら、先生がいるって思って、びっくりしたんですけど。だから先生とかでも、人によっては脱原発の集会とか、イベントとかに参加して、学んだりとか、情報収集とかしてる人もいるんだなあっ

久保友仁

て思いました。

久保：清水さんはどうですか。学校の先生には。

清水：私、言ってたんですけど、特に何も。一定の距離を保つというか。でも陰で応援してくれていたのかなって思うんですけど。メンバーで毎月ミーティングする時に話すんですよ。一人の子は学校での教育について、全然学校で学ばないって言う。こういう原発問題とか憲法のこととか。学校じゃ教えてくれないよねっていうことになって、一人の子は、18歳からの選挙権についてどう思いますかっていうのでディベートをしたっていう子がいて、けっこう先生もそういう政治的な話題を持ってくる先生で……。（小川：自分の意見を持てるように……。）

だから、やっぱり先生によって違うんだなって思って、私とかの学校は本当に多分中立……の中立。まったく政治にも触れないし、政治経済の授業でも、今こういうの話題になってるよねっていう話にならなかったので、そういう環境があるメンバーっていいなって思ったんですけど。学校によって全然違うんだなって感じました。

高校生・若者に広がる戦争反対の声

清水：8月2日の「T-ns SOWL」の戦争法案反対のデモに一緒に参加して、なんか若者の力ってすごいなって感じましたね。なんかラップ調にして、コールとかしてて、私たちが参加しているデモとは何かまた違う、若いなって感じました。コメントも難しい言葉を使うんじゃなくて等身大のメッセージで発信しててすごくいいなって思ったし、若い人が動くことによって大人の人ももっと動いて、全体が動いたらいいなとは思いました。

清水：高校生だけであんなにデモができるんだっていうのは、びっくりして。私たちも、野音でデモやったよね？　日比谷。主催は私たちだったので、本当に嬉しかったんですけど、今回はさらにもっと多くの人が、いたんじゃないかな。５０００人か。ＳＴＡＦＦって腕章つけているのがみんな高校生で、それが新鮮だなって……。私たちのデモの時は、コールとかは私たちがしていたけど、そういう全体をやるのは私たちじゃなかったから。やっぱり若い子がデモするっていうのは珍しいというか、ここ何年か無かった。それがどんどん普通になっていけたらいいなって思いましたね。

久保：今まで、制服向上委員会のファンは高齢者が多いなっていうふうに言ってきたと思うんですけど、少し変わってきましたか？

清水：ヤング９条の会っていう大学生のサークル。その９条を守ろうっていう会の方と交流もできて、ちょっとずつだけど、若い方もそういうのに、参加してるっていうのは実感はしているんですけど、まだ……なんじゃないかなっていうのは思いますね。いつもイベントでこう帰りがけに声をかけてくださる方も、おじいちゃんおばあちゃん世代の方。だけどそれもすごく嬉しくて、あなたたちみたいな子がいるから未来は安心していけるわって、こう言ってくださったり、もっと頑張んなきゃって私思ったよって、声を頂けるのですごく嬉しいですけど……。

小川：大阪では、ski-kidsっていう、小学生の子たちも、制服向上委員会の「ダッ！　ダッ！　脱・原発の歌」を覚えて、練習してくれて、一緒にステージで踊るっていうことを何回かやらせて頂いていて。その小学生の子たちも一生懸命練習してくれているんですよ。空き時間とかも。そういう姿を見て、すごく嬉しかったなーって。

「子どものくせに」、でもネットの中傷を乗り越える応援

清水：でもなんか若い子が発言できるような環境があんまりないなってのは思いましたね。私たちがこういう発言しても「子どものくせに」っていうのは毎回言われることなので……。大人になって急に意見が言えるようになる訳じゃないから、子どものうちからいろいろ、自分で調べたりとかして、どんどん自分の意見を持っていくことが大切だな、とは思うんですけど。それが言えない環境が良くないなとは思います。

久保：ネット以外で「子どものくせに」とかそういうふうなことを言われたことはありますか。

小川：直接、こう傷つくようなことを言ってくるっていうのは、私は経験なくて。メンバーとかで、脱原発の署名運動をしてた時に、怒られちゃった子とかもいたんですよ。そういうこともあったんだ、って後から聞く……っていうのはあったんですけど、逆にいろんなイベントに呼んで頂く

と、応援してくれる方の方が多くて、もう本当頑張ってるね、とか、また次のイベントもぜひ来てくださいとか、こういう本もあるからぜひ読んでみてください、と応援してくれる人の方が多いから、ネットを見なければ、全然……。

卒業して、こうグループを離れてみると、制服向上委員会で検索すると、何この記事？　みたいな。消せるものなら私が消したいみたいな記事とかすごいたくさんあるんだなっていうことを逆に気づいて。活動していた時の方が、もう忙しいし、批判とかたくさん書いてあるような書き込みはそんな見ないでっていう一応きまりがあって。こうやって実際ちょっと離れて、客観的に制服向上委員会って何って調べると、何こんなこと書かれてるのみたいな。批判的な意見しか書いてないような記事とか、全然私たちのことを知らないような人たちが、こんなアイドル可愛くもないしみたいなとか、そういうのもあって、こんな書かれてるんだ、みたいな事実を、やめてから知ったので、逆になんかそのことにびっくりしました。直接言ってくれる人は、大体こう応援してくれるような評価で。

清水：あとはなんかもうちょっとこういうのを考えた方がいいんじゃない、っていうか大人の方のアドバイス。そのイベント行って……。

小川：あと学校の先生とかが来ていたりすると、私の学校ではこういう社会問題について触れてますよ、みたいなことをちょっと指摘されたりとか。だからメンバーが通っている学校だけの基準で考えちゃいけないんだなっていうのはすごい感じるようになりました。

清水：よくメンバーで、たとえ話で、歌いながら缶とか飛んできたらどうしよう、みたいに言うんですけど、でもそういうのは無いし。実際にそういう言葉も直接言われたことは、私の覚えてる限りでは無いので。でも、見えない相手だから大丈夫だよっていう考えもあるけど、見えないからこそすごい怖いなって思いもありましたね。

たとえば、大和市のその問題の時も、その辺の活動しか知らないで批判されてて。私たちは民主党の政権の時も、「悪魔ＮＯだっ！　民主党！」っていう歌も出して、自民党だけを反対してた訳じゃないのに、そう捉えられちゃったりとか。

小川：「Ｏｈズサンナ」とかもね、ずっと歌ってきてたのに、なぜこのタイミングで批判されたんだろうってすっごい不思議で。

清水：だからもっと知ってほしいなっていうのは思う。「何も知らないくせに」、「子どものくせに」って言うけど、そっちだって私たちのこと何も知らないじゃんていうのはすごい思います。でもこういうことはどう思うんですかっていうのも聞けたりするので、逆にそういうのには、ちゃんと自分の気持ち、思いを返せるように考えなきゃなっていうのは……。私たちの活動の力にできたらいいなとは思ってますね。

一緒に頑張ろうと思える励ましの声

久保：橋本さんの本なんか読むと、僕は率直に、この人たちすごく忙しそうだなって思ったんです。学校も行っていて、レッスンも行っていて。集会とかに呼ばれたから行くっていうだけじゃなくて、国会前だとかに自ら行こうって。忙しい中でも闘いの現場に足を運んでいるっていう、その原動力になるものは一体、何でしょうか。

清水：グループ自体、ボランティア活動も、一つの施設に1回行って終わりじゃなくて、何度もその施設を訪ねて、一緒に遊んだり歌ったりっていうのをずっとしてきているので。経産省前の脱原発テントも、時間があって、国会前に用事があった時とかは、一緒に差し入れをって、頑張ってますかって、ちょっとお話したりとか応援できたらいいなっていう思いで参加したり。最近はなんか勉強会とか映画とかも見たりとか、自分たちでこういろいろ参加しているのも多いし。イベントとかで、頑張ってねっていう声を直接頂けると、ああ頑張んなきゃなっていう思いとか、そういうのがやっぱ力になってるのかなって思いますね。

なんか、ずっとこういう意見言っていても、やっぱ政府は聞いてないし、変わんないのかなって思って、もう無駄なんじゃないかなって思ったこともあるんですけど、でもそんな時に、イベントに出て、ＣＤとかを販売している時に、大変なことあると思うけど頑張ってねっていう声一つ頂いただけでも、頑張ろうって思うし、そういう温かい言葉で私たちの力になってるのかなって思いますね。あとなんか、あ、何とかちゃん、とか言って覚えてくださるから、活動するとお互いただ1回の付き合いじゃなくて何回も一緒に同じ思いで頑張ってるんだよっていうのを確認すると、お互いに助け合って、その目標に向かって頑張ろうっていうのはありますね。

制服向上委員会の活動が社会に目を向けた

久保：みなさんが政治だとか社会だとかに関心を持ったのは、制服向上委員会に入ったのがきっかけですか。

小川：そうですね。活動の中で知ったこととかを、親に話したりとか、テレビではあんまり報道されないけど、みたいなことを話す機会が増えたんですが、でももしグループに入ってなかったら、多分、知るのにも限界があるし、興味を持てなかった。今は別にそんなこと考えなくてもいいでしょ、みたいな感じで生活していたんじゃないかなって思います。

清水：政治の問題で、このグループに入って、現地の方の思いとか聞くと、ああこういうことが起きているんだっていうのは分かるんですけど、ちょっと見てみようかなって思ってやっても、なんか難しい言葉出てきちゃうと、ああもう分かんないやってなって。意見言ってもどうせ聞いてくれなさそうだし、一歩踏み出すっていうのは、なかなか勇気がいることだったので、このグループに入ってなかったら、ここまで社会問題に目を向けて自分の意見を言うっていうことはなかったなって思う。本当にこのグループに入って良かったなとは思いますね。

久保：「Ｏｈズサンナ」とか「おじいさんと同じ」なんかは、ストレートな政権批判の歌だと思うんですね。政権批判っていうか自民党批判。「脱原発の歌」なんかは脱原発っていうテーマに絞った歌だと思うんですけど、個人的に、関心を持ってる政治や社会の問題っていうのは何かありますか。

小川：そうですね。いろんな問題があるんだなっていうのはすごい思って、最近驚いたのが、貧困率。小学校の子どもたちの１クラスの中で６人に１人が貧困家庭であるっていうのを聞いて、えっ、そんなに！　貧困問題って日本じゃなくて、遠いアフリカとか発展途上国での問題なのかなって思ったら、違うんだっていう。私は学校がそういう子どもの問題とかを勉強してたりするので、そういうのを知ったんですけど。知らなくて驚くことってたくさんあるんだなって。この国のことなのに、知らないことってまだまだたくさんあるんだなっていうのはすごい……。

清水：最近だと、あの山本太郎さんの国会での質疑をみんなで、どう思うっていうので話し合いをして、動画も見たんですけど、今回途中で中学生にも向けて分かりやすくこう山本太郎さん説明してて。政治って大人だけの問題じゃないんだよっていうのをこう示してくれたのでいいなって思ったし。安倍さんがどんどん表情が曇ってて、しかもその、人道復興支援っていう名の下で米軍の支援。その米軍がそこで何してたかっていうのが本当にひどいなっていうのに気づいて、日本がこんなことに手を貸してたなんてすごい恥ずかしいなって思ったので、そういうこともすごい知って、恐ろしいし、日本がどんどんこういう国になってっちゃうんじゃないかなっていうのは怖いなって思うし。

大人たちに願うこと

小川：やっぱり、「子どものくせに」とか批判する人たち、私たちがこういう政治の問題について意見を言ったりとか、脱原発の歌を歌ったりすることをいいように思えない人ももちろんいると思うんですけど、でも、ただ批判するだけじゃなくて、その人たちももっといろんな問題について興味とか関心を持ってほしいし。もちろん中高生とかも意見を発信していくことが大事だと思うんですけど、中高生とかが、あの人たちみたいにこう発言したいな、とか、あの人たちみたいになりたいなっていう憧れる存在になってほしいなって思います。

清水：これを言っちゃダメだ、みたいな、芸能界だったらこういう政治問題に反対するのはタブーっていうか、固定観念っていうか。海外だったらそういう政治の、社会問題に取り組んでいる方も多くいるし、批判されることがあったとしても負けずにみんな自分の思いを貫いているし。日本だけ、これについては言っちゃいけないんだよ、みたいな、どっかタブーなところがあるから、そういう雰囲気を私は無くしてほしいなって思うし。

戦争が起こるようになって、現地に戦いに行ったりするとなると私たちの若い世代になる。戦争は良くないよっていう思いをもっと語り継いでいかないと、どこかで、やっぱり国のために命を捧げるのはかっこいいかもって思いが出てきちゃう若者もいるかもしれない。もっと子どもたちに、悪いことは悪いっていうのを語り継いでいってほしいなと思うし、そういうのが普通に言えるような環境を大人が作っていくべきなんじゃないかなとは思います。

18歳選挙権は賛成。でも不安もある

久保：18歳選挙権は賛成ですか。

小川：若い人たちが政治の問題とかについて考えるきっかけにもなると思うので、賛成です。ただ、軽い気持ちで、やった選挙権もらえたぜ、みたいな感じの人が選挙に行って、何も考えずに適当に投票しちゃったりとか、不安があります。

清水：私も賛成で。私たちは都知事選があった時に、宇都宮けんじさんを応援してて、でもあの選挙法で未成年は応援しちゃいけないからっていうので、悔しい思いをした。

小川：イベントとかで頑張ってくださいとか声かけたり。

清水：その時から、街の方の意見を聞こうっていうことで、15歳から選挙権があったらどうですかっていうのでアンケートをとったんですよ。そしたらまあ半々くらい。

小川：本当にきれいに半々。

清水：で、未成年とか15歳でも税は払ってる訳だし、子どもでも言う権利、意見を言う権利はある、っていう意見もあったし、逆に、まだ早すぎるとか何も分かってない状態で投票するのは危険だっていう意見もあって、私たちもいろいろ考えてたから、18歳からっていうのは大歓迎で。

小川：18歳からならまだいいんじゃないかっていう意見もあったんですよ、そのとき。

清水：あった。

小川：でもなんか学校教育も今ただ歴史をこうどんどん教えて、テストでじゃあ何年に何がありましたかっていうだけだから、そこで何があってこうだったよねっていう、みんなはどう思うっていうので自分の意見をそれぞれ持つっていうのが全然できてないと思うから、もっと学校教育も変わっていかないと、その選挙権もうまくいかないのかなって思いますね。

一緒に考えた「69通達」

久保：「高等学校における政治的教養と政治的活動について」っていう「69通達」、文部省の文書ですね。みなさん、学園紛争とか東大闘争とかって言葉は聞いたことありますか。

小川・清水：よく分かってない。

久保：テレビなんかで東大の安田講堂があって、警察が放水車で水をぶん投げてたり、学生が火炎瓶を投げてたりっていうのを、ちらっと見たことくらいあるかな。

小川：映像はなんか……。学生運動？
久保：学生運動ですね。同じようなことが高校でもあったのが、その１９６９年なんです。学校で政治の問題を取り上げたり、あるいは受験とかね、あの、能力別クラスって高校にありました？
清水：ああ、ありましたね。習熟度……。
久保：あった！　そういうのに反対したり、あるいは制服反対とか。丸刈り反対、頭髪の自由化なんか。いろんな問題で全国あちこちの高校でもめてた時に、文部省は何をやらかしたかというと、政治活動そのものがいけないって。
小川・清水：ああ……。

学校教育・政治教育を萎縮させた「69通達」

久保：それでこの通達が出ました。文部省はこの文書の中で何を言ってるかっていうと、例えば、日本国憲法に何が書いてあるか、民主主義で選挙があって議員がこういうふうに選ばれるとか、そういうことを教えるのは大事ですよ、と。だけど「現実の具体的な政治的事象は」……だからこれが例えば辺野古の問題であったり、今で言うとね、脱原発であったりっていうことだと思うんですけど、そういう具体的なことは、「内容が複雑で」「評価も定まっていない」から、国民の中にもいろんな意見があるから、そのあと、「教師の個人的な主義主張を避けて公正な態度で指導するよう」って書いてありますよね。

小川・清水：はい。

久保：その次に、「現実の具体的な事象には、教師自身も教材としてじゅうぶん理解し、消化して客観的に取り扱うことに困難なものがあり、ともすれば教師の個人的な見解や主義主張がはいりこむおそれがあるので、慎重に取り扱うこと。」そういうことをまず、教師の授業の内容に対して言っているんですよね。

だからディベートとか、模擬投票とか、クラス討論だったり、グループごとに調べ物をして発表したりとかって、高校生が本当はもっと今の社会の問題に関心を持って学べるような授業を本当はできるはずなんです。文部省は慎重に取り扱うっていうふうに書いてあるんですけど、慎重に取り扱えっていうのはこれ役所の言葉であって、要するに扱うなって言ってるんですよね。だから学校教育が、今、もっと政治の問題、社会の問題、関心を持たなきゃ、持たせなきゃいけないのに、テストのための授業、あるいはテストのための教育になっちゃってるのは実はこういうところに問題がありますね。

小川：先生たちも大変というか、自分の伝えたい思いとかがあっても、それが全部伝えられるかっていうとそうじゃない職業なんだなっていうのはすごい感じました。

清水：何も言っちゃいけないような、こういう流れっていうのはこういうところからじわじわ来てるから、今の若い子もあまり意見言う子も少ないし、大人でもあんまりそういうの言わない方がいいんじゃないかっていう意見を持つ人も多いから、こういうのがあるんだなってのは怖いなって思いました。

未成年者の政治的活動を社会は期待していないのか

久保：まず学校教育の問題。そして「第4　高等学校生徒の政治的活動」っていうのがある。（1）のところで「生徒は未成年者であり、民事上、刑事上などにおいて成年者と異なった扱いをされるとともに選挙権等の参政権が与えられていないことなどからも明らかであるように、国家・社会としては未成年者が政治的活動を行なうことを期待していないし、むしろ行なわないよう要請しているともいえること。」って書いてあるんです。

小川：でも、期待してない人もいますよね。そうやって私たちの活動について、こう批判する人もいるってことは、子どもたちの、未成年の子たちの意見なんか聞いたところでっていうふうに捉えている人もいるのかなって思うんですけど。

清水：若者のそういう姿勢から考える意見って、意外に、こう、ここを突いてきた、みたいな、そういうのがあるから、そういうのを恐れちゃってるのかなって思います。

小川：聞かれたくないところを聞かれないように……。

清水：もっと堂々と、政策も、子どもに何言われても大丈夫なような政策ができてないのかなって逆に思っちゃう。なんかもっといろんな人から意見言われても、自信を持って返せるような政策ならこんなこと言わなくたっていいのになって思っちゃうし。子どものうちからこういう考えを持たなかったら、いつ持つんだろうなっていうのは思います。

政治的活動禁止は「広い視野に立って判断する大人」を育てない

久保：次の(2)のところで、「心身ともに発達の過程にある生徒が政治的活動を行なうことは、じゅうぶんな判断力や社会的経験をもたない時点で特定の政治的な立場の影響を受けることとなり、将来広い視野に立って判断することが困難となるおそれがある」から、「保護する必要があること。」って書いてあります。たとえば脱原発の問題とか、辺野古の問題とか、すごく勉強されて、考えを持ってらっしゃるじゃないですか。で、広い視野に立って判断することがどうこうっていうのとはむしろ逆を行っているんじゃないでしょうか。

清水：「保護」しちゃったら逆に、大きくなって広い視野を持てないと思うし、学校で、こういう意見もあるし、こういう意見もあるっていうのをこう学んで、自分の意見を持つことによって、大人になって、こう広い視野を持って自分の意見を言えるようになるんじゃないかなって思うから、こういうことをするのが逆に国の将来にとってどんどん良くないことになっていっちゃうんじゃないかなって思います。

小川：将来広い視野に立って判断することが困難になるって書いてあるんですけど、じゃあ何も知らないで広い視野持てるのって。

多様な意見を元に自分の意見を持ってきた

久保：みなさん脱原発、辺野古の新基地建設反対、９条の問題、安保法制の問題。こういう社会に関することに発言をしてメディアの取材も受けて、で、いろいろ考えていらっしゃると思うんですけど、ここにある特定の政治的立場の影響ってどうですか。

清水：やっぱり原発反対の活動している方の講演とか聞くと、やっぱり反対だなって思う気持ちになるけど、私たちはいろんな意見を聞いて、自分で出した答えだから。昔みんなでやったのは、原発の反対と賛成。一応みんな反対だけど、今はじゃあ反対派の人、賛成派の人に分かれてお互いの意見を言い合ってみるっていうので、なんかこう片方の意見に偏るんじゃなくて……。

小川：反対側の、賛成側の人の気持ちになったら、じゃあどういうことが言えるのかなっていうのを考えたりしたこともあったので、特定の、そのなんか思想とか、そこだけに偏ってはいないので、別に将来偏った判断をする訳でもないなとは思います。

今日、学校の中で政治の話題は話せない

久保：学校の中っていうのは、政治的な中立が守られなきゃいけないっていうことが法律に書いてあるんですよ。同じような理由じゃなくて飛躍なんだけど、学校の中では政治的な活動をやっちゃいけませんよっていうようなことが書いてある。「学校の教育活動の場で生徒が政治的活動を行なうことを黙認することは、学校の政治的中立性について規定する教育基本法第８条第２項の趣旨に反することとなるから、これを禁止しなければならない」っていう理屈なんですね。さらに学校外の活動についても、実際には学校の中に持ち込まれるからダメですよっていう理屈を一つ言っていて、もう一つは、高校生っていうのは心身ともに発達の過程にあるから、教育的な観点から学校外でもダメですよっていうようなことを言っているんですね。そこで伺いたいんですけど、学校の中で何か活動をした経験というのはありますか。

小川：学校だと、むしろそういう脱原発とか、そういう話をしづらい雰囲気があって、だから、自分がこういうのをやってるよっていうのは、本当に仲の良い、本当に一部の人にしか言ってなくて、だから、こう外で活動していると学校内に持ち込む、みたいなこと書いてあるんですけど、いや持ち込める雰囲気ではない……。

清水：触れちゃいけない話題……。社会のテストで、原発を勉強した時、授業では原発についてこういうものですよっていうのは学んで、テストでは原発について賛成か反対か聞くからねっていうので、テストで意見書いて。何かしら文章書けば○をくれるところなんです、それは。でも、そのテストで自分の意見は書けるけど、実際にその教室内で……、何書いたって話になることもないし。授業中に先生がテストに出るからねって言うだけで、そこで、どう？　みたいな感じで話す雰囲気も無かったし、そこで話さないでテストの紙上で書くっていうことは、やっぱ言っちゃいけないことなのかなっていうか。

自分のいろんな意見があるから、あんま人には言っちゃいけないのかなっていうのは、そういう雰囲気を感じたし。逆にこういうデモとか、そういうのをすると「なんか変わってる人たち」みたいな目でみんなが見ちゃうのがすごく嫌だなって思いますね。

文部省「69通達」を批判する

久保：表現の自由の大切さっていうのを二人とも原稿に書いてくれていますが、一方で、当時の文部省は、こういうふうに、高校生は政治活動しちゃいけませんよという文書を出しています。改めて聞きたいんですけど、高校生が社会の問題を考えて、社会に声を上げることは悪いことですか。

小川：こういう、文部省のこの考えを読むと、すっごい違反してるじゃないですか、私たち。制服向上委員会の活動は……。でもやっぱり高校生とか、中学生のうちから、いろんな日本とか、社会の問題について考えていくことで、もっと大人になった時に、いろんな視点から物事を考えられると思うので、やっぱり大切なことだと思います。

清水：私も、こういう活動を高校生のうちからすることはいいことだな、と思うし、この学生のうちから社会問題に目を向けないでいつ目を向けるのかなって思うし。急に大人になって選挙権がきても、そんなこたえられないっていうか考えられないと思うから、高校生だって政治について意見を言う権利はあると思います！

なんか分かんないなりに調べたりとか、その、分かんないなりにこういうとこおかしいんじゃないかなって気づく点もあると思うし、偏っちゃう意見もあるんだったら、逆にこういう意見もあるよっていう大人のなんか導きとかあればいいかなって思うし。高校生だからダメとか、そういうのは良くないと思います。

第二章　「高校紛争」と「69通達」

都立大学付属高校の学園紛争（1969年9月22日、毎日新聞提供）

1、高校紛争前史――教育基本法制定から60年安保まで

教育基本法の定める政治教育とは

高校生の政治活動を禁じた文部省の「69通達」は、全国に波及した高校紛争の最中に出された。しかし、「69通達」は、ある日突然出てきたものではない。その前段階として、教育基本法の歴史をひもといてみたい。

教育基本法は、1947年3月31日に施行された法律である。日本国憲法が、1947年5月3日に施行された（公布が1946年11月3日）ことをふまえると、戦後法制史において、憲法よりも早く施行された国家の骨格をなす基本法であったといえる。特に、前文において、「われらは、さきに、日本国憲法を確定し、民主的で文化的な国家を建設して、世界の平和と人類の福祉に貢献しようとする決意を示した。この理想の実現は、根本において教育の力にまつべきものである。」として、民主主義国家における教育の重要性と憲法との関連性を宣言していることは注目しておきたい。

教育基本法は、2006年に改悪され、前文も改定されているが、「69通達」発出当時は改正前であり、本稿においては旧法の「第8条」（政治教育）を取り上げる。現行法では第14条にあたる。

教育基本法第8条（政治教育）は「良識ある公民たるに必要な政治的教養は、教育上これを尊重しなければいけない。２　法律に定める学校は、特定の政党を支持し、またはこれに反対するための政治教育その他政治的活動をしてはならない。」と規定する。

問題となるのが、２項にいう「学校は」に生徒が含まれるのか否かである。２項は、高校生の政治活動を禁止する根拠たりえるのか。ところが、この問題を振り返ると、制定直後から、この論点は取り上げられて、８条をめぐって延々と議論されてきたことが分かる。

そもそも、教基法制定当時、日本はまだ占領下で、占領政策の影響を色濃く受けていた。サンフランシスコ講和条約は１９５１年９月８日に調印、翌52年４月28日に発効する。

ＧＨＱと文部省

教育基本法制定に先立つ、１９４５年10月22日、連合国軍最高司令部は、「日本教育制度に対する管理政策」の中で、「議会政治、国際平和、個人の権威の思想及集会、言論、信教の自由の如き基本的人権の思想に合致する諸概念の教授及実践の確立を奨励すること」「学生、教師、教育関係官公吏は教授内容を批判的理智的に評価することを奨励せらるべく、また政治的、公民的、宗教的自由を含む各般の事項の自由討議を許容せらるべきこと」と指示した。(注１) カタカナを平仮名に直しただけではまだ難しいが、教員を含めて政治的自由を容認したのだと読める。

ところが、学生・生徒の政治活動の高まりを受けて、文部省は3ヶ月後、1946年1月17日、「教職員及学生生徒の政治運動及選挙運動に関する件」と題する次官通牒を出し、「治安警察法廃止せられ教職員及学生生徒の政治上の結社加入は差支えなきことと相成たるも之に伴ふ政治運動は其の本務を逸脱せざるべきは固より各々其の職分に鑑み公正清純たるべきこと、特に学校内に於ける教職員及学生生徒の政談演説若は特定政党、特定者の支持乃至推薦行為等（文書に依るものを含む）は厳に之を禁止すること」と指示する。（注2）一方でGHQの文書にも留意して、「右は学校内に於ける学生生徒等の政治に関する自由討議を禁ずるものに」非ず、とする。

それから1年を経て、教育基本法が施行されることになるが、当初の教育基本法の解釈について、文部科学省HPによれば、「学校は」とは、「『学校教育活動の主体としての学校自体は』の意であり」とある。（注3）

そして、これも文部科学省HPからの引用になるが、1947年3月15日、衆議院教育基本法案委員会での「学園内において、学生、生徒、もしくは教師が、あるいは個人で、あるいは組織をつくって、今申し上げたような政治的活動をすることが、許されるか」とする質問に対し、大臣は以下のように答弁する。（注4）

「学生が特にある特殊の思想、あるいは政見を研究いたしまするることは、むろん自由でありまするしまた進んで運動に移しまするることも、決してこれを禁止はしないのでありまするが、しかしながら教育の目的を達成いたしまするがために、学園の秩序を維持するため、一定の制限があることは、申すまでもないことであると存ずるのであります。この制限がいかなる限界を有するものであるかということにつきましては、各段階の学校によりまして、それぞれ差別があることと考えるのであります。この点の判断は、一に学生そのものの自覚と、学校長、学校当局の判断任せられるべきものと考えておるのでございます。」

しかし、一方では同日、次のような質疑もなされていることを注視しなければならない。

「学園内においての政治運動を自由に放任いたしておきますと、教育の主体としての学校が政争の渦中にはいりまして、その結果学校教育の目的の実現を妨げるおそれが多分にあると考えるのであります。（略）前文部大臣が学徒は未完成のものである云々という言葉を漏らされたそうでありまするが、私はこの点におきまして、いささか前文相とは意見を異にするものでありまして、ただ未完成なるが故に、その政治運動を禁ずるとは考えておらぬのでありますが、学徒本来の面目によりまして、静かに研究を行うべきものであって、政治運動に狂奔《ママ》すべきものではない。そこに制限があると考えておるのでございます。」

１９４８年6月28日の参議院において、森戸辰男文相は、学生のストライキや学内政治運動の規制について、教基法8条2項の適用について問われて以下の趣旨で答弁している。曰く、同条項の「学校」には、学生・生徒は含まれず、学生は学内において個人として政治的活動を行うことも不可能ではないこと、この条項で学生運動の規制はできないこと、学生の政治的研究団体は学校で公認されても問題はないが、政党支部の設置は教育行政上望ましくないこと、学生の政治活動はあくまで学園における学生の本分に副うところのものであるべき、等である。

政治活動禁止のはじまり

ところが、8条2項を根拠に、文部省は政治活動規制に乗り出す。その考え方はこうだ。「学校には学生生徒は当然には含まれないが、学校において学生生徒が特定政党を支持し、又はこれに反対するための政治活動を行うことを放置するときは、学校が特定政党を支持し、又は反対するようになるので、学校は学生生徒のかかる行動を禁止する責任がある。教育基本法第8条は、こういう責任を学校に負わせている」というものだ。そうして、この考え方に立ち、文部省は1948年10月8日、「学生の政治運動について」と題する次官通牒で整理する。

すなわち、学生の政治活動並びに学生に対する政治教育については、憲法・教育基本法等の定めるところに従うのはもとより、8条1項によって「政治の研究、批判の自由は学校内においても尊重せらるべき」であるが、「学校は政治的中立を確保しうる学園の秩序を維持しなければならない」ことを2項から導き、よって「かかる秩序を乱すような学校内の政治活動は許さるべきではない」としたのである。

長野師範学校では、直後に学内の共産党細胞に解散を命じ、当該学生に、学生の本分にはずれた政治活動をしないこと等の誓約書に署名・捺印を求め、拒絶した学生10名は退学処分となった。

「連合国軍総司令部」は、この動向をどう捉えたのか。1年遡って、1948年、長野県の事例である。(注5) 曰く、軍政部ケリーは高校長に対し、生徒の政治活動について「校内で特定の政治思想を宣伝するのは基本法違反である。第8条は学校の教室内はもちろん放課後にも適用されるのだ」と説示した。1949年に埼玉県で、日本共産党の指導下につくられた「民学同浦高班」に対して、GHQ地方軍政部は、「学校における政治活動の禁止」を通達し、浦和高校は1人を退学処分、1人を自主退学、数人を自宅謹慎とした。(注6) これがGHQの民主主義らしい。

早くも、学校の校則に、飲酒や喫煙と共に(!)「政治活動」を禁止事項に定めたり、懲戒の対象としたりする学校も少なくなかったとされる。学則違反等として、共産党細胞を解散させ退学処分にした「仙台二高事件」なども起きている。(注7)

裁判例としては、1952年、印刷工芸高校事件（東京都）がある。(注8) 私立高校生徒が学校の方針に反して政治活動を行い、「操行修らず成業の見込みなき者」として退学処分を受けたことに関するものである。高校生の政治活動に関する最初の裁判は、次のようにいう。

「教育者が教育者としての立場からその学校にふさわしい教育方針を立て、生徒を教育することは、それが特に不当な教育方針でない限り、もとより許さるべきことであって学校に入学するものは、その学校の教育方針に従って教育を受けることを了承したものと認むべきであるから、学校の教育方針に従い、学校の指示指導に服すべく、その限りで校外の行動についても何らかの制限をうけることはやむを得ない。……学校が健全な人間を育成し、生徒に十分な勉学をさせるために……在学中は思想の研究は自由であるが、現実に政治活動を行うことを許さないとの教育方針をとったとしてもこれをあながち不当ということはできない。」

１９５０年以降、教育基本法との兼ね合いでより問題となってくるのは、教員のようである。「レッドパージ」、「偏向教育」をめぐって様々な問題が起きており、「69通達」にも関することではあるが、本書ではあくまで「生徒の政治活動」に主眼を置きたい。基本的に割愛をお許し願いたいが、簡潔にその本質について堀尾輝久氏は以下のようにいう。(注９)

「教育の中立性に関する二法律（義務教育諸学校における教育の政治的中立の確保に関する臨時措置法、教育公務員特例法の一部改正）が成立することによって（１９５４年）、中立性の原理とは本来的にいえば、国家が教育の内容に介入しないという意味での中立性であり、教育行政は、教育の自律性の保障のための条件整備にその任務を限定すべきだと理解されてきたのですが、この法律によって国家が中正の保持者として、何が偏向しているかを裁く地位についた」。

生徒会連合をつぶした文部行政

大まかに言って、高校生の政治的活動が問題となるのは、50年前後に続いては60年安保の時期と言える。

この時期の動きとして注目したいのが、「生徒会連合」の動きである。１９５３年4月、京都府で「生徒会連絡協議会」が結成された。(注10) 授業料値上げ反対の陳情には多数生徒が参加、府議会は修正案を全会一致で可決した。また、憲法擁護高校生弁論大会に協力したり、原水爆禁止運動、勤評問題の討論、国鉄学割改定反対運動など多様な取り組みを展開した。しかし、1959年頃より、党派対立のあおりをうける形で加盟校が脱退。1962年に再建されるも自然消滅して現在に至っている。(注11)

教育行政の規制を受けた例としては、高知県高校生徒会連合がある。1954年の発足当初は、校長会や県教委の積極的な援助も得て、1年以内に全県立高校が加盟して1万9000名を擁する組織となった。(注12) 学校教育施設問題、平和問題、教育問題、経済問題など諸要求を掲げて運動し、1956年には授業料値上げに反対して10万人署名運動に取り組んだ。また、同年の高校入試導入にあたっては「教育の機会均等」「教育をうける機会を最大限に利用できる環境を」と求めて「高知市中学校生徒会連合」を支援、高校1校の増設と受験者全員の入学確約をかちとっている。1959年には勤務評定反対で校長の処分撤回を求めてデモ行進、代表が県教委・知事と深夜まで交渉に臨んだ。

これら取り組みに対して、1960年12月24日、文部省は「高等学校生徒会の連合的な組織について」を通達し、規制に乗り出した。(注13)

「上記のような連合組織が結成されれば、生徒会活動は外部の好ましくない勢力によって支配され、学校の指導も及びがたくなることはこれまでの実際例に徴しても明らかであり、それはもはや学校の教育課程範囲から逸脱している。」

というのである。1962年12月27日には、高知県教委が「高等学校生徒会の連合組織の取扱い」を通達する。(注14)生徒会連合が、「広範囲な政治的問題を中心とした決議をし、教育行政に反対する活動をとりあげ」ているのは、「学校の教育課程の範囲を逸脱し学園の秩序を乱すものと断定」せざるを得ず、「学校教育の場には容認できない組織」であって、「自校の生徒または生徒個人としても、このような連合組織に同調することのないよう適切な指導監督」するよう指示したものである。運動方針に対する反発・離反もあって、高知県の「高生連」は歴史に幕を下ろすこととなる。

60年安保と高校生

では、60年安保における高校生の闘いはいかであったか。『教育基本法第8条小史』によれば、「高校生の政治活動が教育的にも社会的にも大きな問題になったのは、1960年の安保条約改定という高度な政治課題の反対集会やデモ行進等に、多数の高校生が参加した時で、新聞その他マス・コミが盛んに報道して注目を集めた。多くの場合、高校生は放課後や休日に個人やグループでこれに参加したが、なかには生徒会として安保条約改定反対等を決議したり、これらの集会等に参加したり、学校独自のデモ行進を行ったところもあった。」という。(注15)

60年安保当時の高校生の闘いについては、都高教の声明が詳しい。「60年安保闘争当時の高校生の政治活動と都高教執行委の統一見解」から抜粋したい。(注16)

「東京では5月19日夜から20日にかけての新安保条約強行採決以来、高校生の活動が急激に表面化し、5月20日の首相官邸前デモ隊の先頭には高校生が立っていたほどである。(略)26日にはさまざまの旗をなびかせて数百人の高校生が国会周辺でデモ行進を行なった。それが6月4日には約1600人に達した。

こうした活動の中心となったのは、全学連主流派につながるとみられる『安保阻止高校生会議』と反主流派につながるとみられる『平和と民主主義を守る高校生会議』(平民高協)である。前者は34年11月に発足、各高校の社研部員、生徒会役員などが代表者となり、私立早稲田高校、都立青山高校などが中心になっている。後者は勤評問題のときに、一部高校生社研部員などによってつくられた、『東京都活動家連絡協議会』から発展したもので、教育大附属、都立大附属、都立新宿高校などがその中心になっている。(略)

『ただいま、高校生の諸君が到着いたしました』――国会周辺では全学連のリーダーが呼びかけ、さかんな拍手を高校生におくる風景が6月4日ごろから見られるようになったが、このころから高校生のデモ参加は全国的に波及していった……。』

(略)連日のように高校生のデモが続いた。6・11デモの時には初めて教育大附属駒場高と都立大附属高が生徒会の決議を行なって参加した。このように高校生のデモはひろがり、6月15日の夜の国会通用門前で、高校生の一隊は全学連から国会構内へ入ることを要請され、これに応じなかったものの、かなりの負傷者を出してしまった。」

全国高校長協会会長は、1960年6月20日に以下の見解を発表した。「わが国のみならず、世界のいずれの国でも、未成年者の政治活動は認められていない。従って、未成年者である高校生の政治活動は認めるわけにはいかない。しかるに、最近高校生の政治活動に関し外部から働きかけのあるのはわれわれの最も遺憾とするところ」というような内容である。文部省も、前述の生徒会連合に関する通達に先立って、6月21日「高等学校生徒に対する指導体制の確立について」を文部次官通達として出している。(注17)

「現下の時局に関連し、高等学校生徒などを使そうして政治デモなどへ参加させようとする動きがあると聞くことは、はなはだ遺憾である。

この際、各高等学校においては、外部からの不当な勢力に乗ぜられて生徒会や生徒等が、政治活動にまきこまれることのないよう教職員一体となって生徒の指導体制を確立し、高等学校教育の本来の目的の達成にいっそう努力する必要があると思われる。」

もちろん、高校生の運動はこうした立場に与しなかった。反安保の闘いは、国会前のみならず、地方にも波及して、学校レベルでデモを展開する事例も見られた。60年6月18日、京都府立洛北高校は同校の450人がデモに参加、長野県諏訪清陵高校は学友会総会の決議を経て、6月18日、800人が市内をデモ行進している。(注18) これらは一例に過ぎない。

注1:『高校における政治的教養と自主的活動』下巻（国民教育研究所編、明治図書、1970年）19頁。
注2:同『高校における政治的教養と自主的活動』下巻20頁以下。
注3:http://www.mext.go.jp/b_menu/kihon/about/004/a004_08.htm
注4:同『高校における政治的教養と自主的活動』下巻41頁以下。
注5:『教育基本法第8条（政治教育）小史——教育法社会学的考察序説』（永田照夫、西村信天堂、1985年）63頁注3、『星条旗の下りるまで——占領下信州教育の回顧』（小西謙、1957年）より二重引用。
注6:『高校紛争 1969——1970』（小林哲夫著、中公新書、2012年）31頁以下。
注7:同『教育基本法第8条（政治教育）小史——教育法社会学的考察序説』64頁注8。
注8:同『教育基本法第8条（政治教育）小史——教育法社会学的考察序説』59頁以下。
注9:『いま、教育基本法を読む』（堀尾輝久、岩波書店、2002年）78頁。
注10:『高校紛争』（柿沼昌芳・永野恒雄・田久保清志著、批評社、1996年）116頁以下、『教育基本法第8条（政治教育）小史——教育法社会学的考察序説』60頁以下。
注11:同『教育基本法第8条（政治教育）小史——教育法社会学的考察序説』131頁。
注12:同『高校紛争』117頁。
注13:同『高校における政治的教養と自主的活動』下巻149頁。
注14:同『教育基本法第8条（政治教育）小史——教育法社会学的考察序説』126頁、同『高校紛争』123頁。
注15:同『教育基本法第8条（政治教育）小史——教育法社会学的考察序説』117頁。

注16：同『高校における政治的教養と自主的活動』下巻242頁。
注17：同『高校における政治的教養と自主的活動』下巻149頁。
注18：同『教育基本法第8条（政治教育）小史――教育法社会学的考察序説』118頁、132頁（6）、（7）参照。
注19：同『高校紛争　1969――1970』45頁以下。

2、高校紛争はいつ起きたのか

高校紛争の始まった1967年～1968年

「69通達」を生み出すことになった高校紛争……。その聞き慣れない言葉は一体何だったのであろう。一体いつの話なのか。

元東京都立高校教諭の柿沼昌芳氏は共著書『高校紛争』の中で、『教育年鑑』（日本教育新聞社、1970年刊）からまず次のように引用している（注1）。

「1969年12月には大学紛争もほぼ終息したが、高校では70年2・3月の卒業式で300数十校と再び成り上がりを見せ、全国的にみると、バリケード封鎖が6校、演壇占拠などの実力妨害が5校、式のボイコットが32校、送答辞で学校と教育の批判が23校、ビラ配布などの宣伝活動が

２１４校、学校が紛争を恐れて式を中止したもの15校などあった」

しかし、同書の中で永野恒雄氏は、以下のように注意を促している。(注2)

「高校紛争の『最盛期』は、１９６９年の９月から12月である、ということが一応言えるだろう。しかし、この最盛期とは、最もマスコミが書きたてた時期という意味に過ぎない。そこだけに目を奪われると、高校紛争の実像または本質を見失う恐れがある（この「最盛期」にマスコミは、いわゆるエリート校、伝統校に報道を集中させていた。このあたりは十分に留意する必要がある。）」

永野氏は高校紛争の「67年起点説」を掲げる。

「校庭に男子生徒約１００名が集合した。４時間目にあたる時間帯であり、授業を放棄した上での（もちろん無届けの）集会であった。集会の目的は『長髪許可の要望』である。(注3)」

「県立福島高校（三本杉国雄校長）で行われた卒業式の送辞で、在校生総代同校2年生S君は、高校教育の受験予備校化、自民党政府の反動化を激しく攻撃し、ベトナム反戦を訴えた。この送辞は事前に学校に提出されたものと全く違っていたため、学校では同日、臨時職員会議を開いて善後措置を協議した。(注4)」

永野氏は、これら4事例をふまえ、「いずれも高校紛争が本格化する以前のもの」ではあるが、「これは明らかに『高校紛争』である。」と分析している。もっとも、永野氏は、後に本格化する高校紛争とは質的に異なると指摘している。曰く、「外部からのイレ知恵の要素は少ないと思われる」というのである。しかし、時間が経過するにつれて、高校紛争は「外部」の影響を受け始める。永野氏の文中で紹介されている、1968年11月号の『月刊高校生』「高校生運動の現状と将来」(鈴木博雄)は次のように指摘する。(注5)

「現在の時点における高校生運動は、明らかに70年安保闘争時における学生運動の活動家を高校時代から養成する、つまり〝全学連2軍の養成〟という目的からなされている」

「大阪府立市岡高校は、大阪府立高校のなかでも伝統のある一流校と目されている高校だが、活動的といわれる大阪府高教組の中核的拠点校としても知られている。また、高校生運動でも今年の5月に結成された府高連(社学同系、赤ヘルメット)をはじめ、反戦高協(中核系、白ヘルメット)、反帝高評(反帝学評系、青ヘルメット)などの拠点校である。」

党派の影響で過激化した高校紛争

1968年9月2日、大阪府立市岡高校で、校長室占拠事件が起きる。永野氏は、「大学で発生していた『占拠』事件が高校にも起きてしまった」「全国の教育関係者に異常な衝撃を与えた」とし、この事件以降高校紛争が本格化したと論じている。

高校紛争に至るまでの鈴木博雄氏の論評はこうだ。(注6)

「両派(日本共産党系、反日本共産党系のこと。筆者注)による高校生運動の組織化は(昭和、筆者注）40年代にはいって急ピッチで進められたが、高校生パワーとして社会的にその存在を知られるようになったのは、43年1月のエンタープライズ寄港阻止デモ、2・18全都高校生集会（紀元節反対集会）、3・17全都高校生反戦卒業集会（都庁前デモ）、3・30王子野戦病院開設反対デモなどで、高校生集団が、高校生運動として独自の立場で参加した時からである。

それ以後、高校生各グループは全学連各派の指導した主要な街頭実力闘争や、大学紛争に高校生集団として参加する一方、42年卒業式の妨害、43年9月の大阪府立市岡高校占拠事件、44年1月の新宿高校バリケード事件などの高校生独自の闘争があらわれてきた。そして最近になって、2・11紀元節復活反対闘争から、43年度卒業式妨害闘争、9月初旬の一連の学校封鎖事件に至って、にわかに全国的な規模で高校生運動が健在化してきたのである。」

反戦高協（中核派系）が1965年、反帝高評（社青同解放派系）が1967年、反戦高連（革マル派系）が1968年に結成された（注7）。いよいよもって、高校紛争が、高校闘争として全国に広がりを見せることになる。この頃、日本共産党を指して党本部の所在地から「代々木」と蔑称されているが、その「代々木」「反代々木」の人員数において、新左翼系の、反代々木系の勢力拡大はこの頃著しい伸びを見せることになる。資料によれば、以下のように記されている（注8）。

「昭和43年10月には、全国で反代々木系約2700名、代々木系約9000名といわれたが、昭和44年10月には反代々木系約3800名、代々木系1万名、昭和45年10月現在では反代々木系約8200名、代々木系1万2000名といわれ、特に反代々木系組織の拡大は著しい。」

注1：『高校紛争』（柿沼昌芳・永野恒雄・田久保清志著、批評社、１９９６年）13頁
注2：同『高校紛争』27頁
注3：同『高校紛争』28頁
注4：同『高校紛争』30頁、朝日新聞１９６８年3月2日付。
注5：『高校紛争』（柿沼昌芳・永野恒雄・田久保清志著、批評社、１９９６年）36〜38頁
注6：『高校生運動』（鈴木博雄著、福村出版、１９６９年）11頁
注7：『高校紛争　１９６９――１９７０』（小林哲夫著、中公新書、２０１２年）１６９頁
注8：『東京の高校紛争』（北沢弥吉郎著、第一法規、１９７１年）67頁

3、高校紛争は何を訴えたか

高校紛争の要求

高校紛争は何を訴えたのか。高校紛争の闘争課題は各校によってまちまちであるし、そこから本質を見出そうというのはそう簡単なものではない。

「自己の内なる東大を否定する」、「帝大解体」、あるいは「大学を反戦の砦に」、「造反有理」

……こうした大学闘争のスローガンはいくつも思い出すことができる。

と言っても、30歳の筆者にあっては、70年安保を自己の経験として語るには若すぎるし、逆にこれらの主張を、大学生（ないし高校生）という年代ゆえの先鋭性に求めるのだとすれば、これまた筆者は歳を中途半端に重ねすぎてしまった。筆者が、東大闘争や日大闘争、あさま山荘事件などについての書籍をむさぼるように読んでいたのも、筆者が高校生の時である。

　高校紛争については、２０１２年２月、中公新書より『高校紛争１９６９――１９７０』（小林哲夫著）が刊行されている。まずは同書より、高校紛争における要求項目を整理した記述を引用したい。[注1]

（1）生活指導、校則

①生徒心得改訂・撤廃、②頭髪自由化、③制服制帽自由化、④登校するまでと下校後の外出禁止反対、⑤集会・結社の自由、⑥表現の自由・刊行物の検閲廃止、⑦男女交際の自由、⑧下校時の喫茶店・食堂などへの出入り自由

（2）教育制度

①エリート教育反対、②定期試験廃止、③受験教育につながる学力試験・模擬試験廃止、④通知表廃止・通知表の成績評価廃止。⑤能力別コース廃止、⑥コース別編成反対、⑦理数科コース反対、⑧教科書粉砕、⑨授業批判の自由を認めよ、⑩女子クラス・男子クラス廃止、⑪自主講座の設定、⑫生徒会解体、⑬産業のための教育反対、⑭強制礼拝反対

（3）学校運営、政策

①学校運営への参加、②職員会議の公開・生徒出席、③生徒指導部解体、④クラブ顧問制の廃止、⑤運動会や文化祭を自主管理、⑥ＰＴＡ解体、⑦機動隊導入を自己批判せよ、⑧○○高校の処分に抗議するように要請、⑨封鎖やストの実行者や逮捕者への処分撤回、⑩校長退任、⑪学校の統廃合反対、⑫校歌廃止、⑬学校の経理公開、⑭不正経理責任追及、⑮学費値上げ反対、⑯各種式典反対、⑰修学旅行反対

（4）政治課題

①ベトナム戦争反対、②沖縄奪還、③安保反対、④米軍基地撤去、⑤自衛隊反対、⑥三里塚（成田）空港建設反対、⑦紀元節復活反対、⑧産学協同路線反対、⑨文部省手引書・教育委員会通達による「高校生の政治活動禁止」粉砕、⑩○○闘争○周年（東大闘争、10・8羽田闘争など）

政治体制の否定と「自己否定」の思想

高校紛争の要求が、実に多岐にわたっており、単一の課題を掲げて闘争が打ち抜かれたのとは違う、ということが読み取れるであろう。しかし、多様な要求ではあるが、無分別、ではない。筆者は、高校紛争の本質は「反体制」であった、と理解する。あえて表現するのならば、地の力を蓄えた火山が、いよいよもって噴火するごとく、根底からの怒りと告発を持った「反体制」な

のである。それは「反対運動」や学園民主化などと言うものではない。己の存在と全人格をかけた闘いであったと思うのである。それはバリケード封鎖や火炎瓶投擲といった事象面から導かれるものではない。自己の存在を含めた現時の体制そのものを否定する、そういう意味での反体制なのである。

では、高校紛争が否定した体制とは何であったか。一つは政府・政治体制であり、もう一つは教育体制である。そして、それら体制の中に組み込まれざるを得ない自己の存在をも否定するものとして、高校紛争は存在した。それは、一つの革命であったと言ってよい。そうであるがゆえに、高校紛争を「暴力集団」の排除でもって対応しようとした既存の勢力は、現体制の枠内にあるものとしてしか存在し得ず、発現した高校紛争を前に無力であったと考えるのである。

高校紛争が大学紛争の影響を受けた、という理解は否定しない。しかし、1969年を前後して、高校紛争の到来は必然であったと考える。政府・政治体制は、日米安保体制を基軸としつつ、ベトナム侵略戦争に加担、出撃基地として存在し、その「基地の島」沖縄を最前線として日本に「返還」させようとしていた。戦後憲法が否定したはずの戦争と侵略とを、B52爆撃機の出撃をもって蹂躙し、ベトナムの子どもたちを殺戮する先兵として日本が存在した。10・8羽田闘争、佐世保のエンタープライズ寄港阻止闘争や、王子野戦病院反対闘争など、ベトナム反戦は「日本」の課題だったのである。成田では、三里塚の農民らが耕作して育ててきた土地を、機動隊の暴力をもって奪い、農民の命をも奪って、出撃基地・成田空港の建設を強行してきた。人命の尊重という普遍的な価値を、いとも簡単に政治体制がふみにじるとき、己は体制の側に立つのか、それともこれを否定し、あるいは打倒する存在として立ちうるのか。これは大学生であろうと、高校生であろうと問われた問題である。安保、という条約の条文、字句が単に存在したのではない。目の前で、罪の無いベトナム人民が、「己の手によって」殺戮されようとする時、その自己を打倒することによって初めてそれを阻止することができる。既存のブルジョア民主主義のもとで、「有権者」として、あるいは「主権者」として、ましてや選挙権を持たない存在として、体制の下に組み入れられざるを得ない時、自己の存在をも否定することによって体制の矛盾を初めて超克することができる。高校紛争が、単なる校則改正などの学園民主化闘争に留まらず、全国的に波及したのには、そうした自己の存在を問わざるを得ない時代背景と、思想があったと筆者は考えるのである。

教育体制の否定が高校生を突き動かした

そして、より普遍的に問われたのが、教育体制の否定であった。それは受験教育体制の否定であり、管理教育の否定である。教育とは何か。簡単に言うならば、子どもから大人へ成長する過程において、人間が人間らしく生きられるよう知識や経験から人間性を開花させていくことが教育であり、それは大人になったあとにおいても「社会教育」あるいは「生涯教育」と言われるように、一生を通じて、人間性を育てていくことにある。では、とりわけ学校教育というものは、そういうものであり得たのか。

高校紛争当時読まれた卒業式の「答辞」がそれを告発する。(注2)

「同じように入学し、同じ東淀川高校生であるのに、能力別クラスによって教材が違うのは一種の差別であって、自由平等であるべき民主主義のルールに反しています。……もうすこし生徒の自我というものを尊重してほしく思います。それから私達にもっとも関係ある事ですが、社会の学歴偏重に起因する大学受験の激化のために、3年間、大学受験だけを目ざし、とにかく、できるだけ良い大学へ入る教育を受けてきました。受験科目以外の軽視、大阪中で1、2を争うテスト回数、能力別授業、クラブ活動の生徒の自主活動の不活発さ、すべて、受験体制の産み出した矛盾なのです。」(大阪府立東淀川高校答辞)

高校生は、高校教育を、受験のための教育、受験予備校化、テストのための授業……と非難する。そして、入学選抜試験を、たった一枚のテストでもって選別・差別する手段だと位置づける。人間性を育てる教育どころか、校内での定期試験が、ペーパーテストだけで全人格を評価するものだとして弾劾し、紛争校においては定期試験の廃止が要求され、あるいは試験ボイコットが行われる。能力別クラスや理数系コースの廃止が闘争課題となり、あるいは商工業高校においては産業のための教育批判が掲げられた。

少なくない場合において、授業を行う教師そのものが敵となる。生徒の名前を覚えることも無く、まったく非人間的に受験教育を授業で展開するだけの存在として捉えられたからだ。神奈川県立川崎高校のバリケードに「教師としてなら入るな、人間としてなら入れ」と掲げられたことはそれを象徴する。（注3）

テストの点数がそんなに重要なのか。なぜ、それによって差別され、序列化されなければならないのか。進路も、その後の職業や収入までもが1枚のテストによって決められてしまう。人が成長していく上で欠かせない教育は、逆に人間性を奪うものとして存在する。卒業式の答辞・送辞から見るだけでも、高校生にとってこの状況に対して痛切な問題意識を持っていたことが分かる。（注4）

「現在の高校は人格形成の場ではなく、大学受験のベルトコンベヤーと化しており人間不在の教育と化している。」（1968年、福島県立福島高校・送辞）

「受験体制の中で羊のごとく飼いならされ、反抗することを忘れていた私たちも、主体性を取り戻そうとする第一歩を踏み出す。」（1969年、私立麻布高校・答辞）

「受験向けに合理化された授業。そんな中に単調な作業の苦しさがあるだけで少しも健全な知識への情熱を感じさせるものはない」（1969年、兵庫県立尼崎北高校・答辞）

「入学した時から鎖につながれ、その中に埋没した。教師は知識を切り売りし、受験以外には無関心な人間を作ったのである。」（1970年、石川県立金沢泉丘高校・答辞）

これら要求と告発は、人間性を教育の中に求めた高校生の切実な訴えであり、差別・選別ではなく、一人ひとりに向き合った教育を求めている。

「自己否定」「自己の内なる東大を否定する」という大学闘争の思想は、高校においても問われた。教育の差別構造の中で、エリートとしての将来が「約束」された時、「差別する側ではないのか」「自己の存在を加害者意識として捉える」という考えから、受験体制を批判する声が上がったのである。一般に進学校に高校紛争が頻発した、とされているのは、こうした思想の影響を受けていたことに他ならないであろう。

今日でも多くの東大進学者を輩出する灘高校の紛争では、１９７０年６月になって次のように問題提起している。(注5)

「高級官僚、高級技術者、体制イデオロギーの宣教師などを作り出す東大を頂点とする国立大学へ通ずる道を保障する〝灘受験教習所〟であり、〈差別構造〉の頂点に立っている。」

「高校教育とは学力、人格形成をめざすものである。しかし、現在の教育は大学受験を前提とした授業になっており、受験技術を教えることに徹底した授業と試験が行われている。……点数評価は全人格的な評価となり、能力差別を引き起こす。ゆえに定期試験の全廃を求める。」

管理教育批判

青山高校全共闘は次のように主張する。(注6)

「全校集会等で教師と生徒との間の〝信頼関係〟によって、事態を解決しようという動きがあったが、教育体制が現体制を維持するために存在し、そのなかに我々が存在している限り問題の真の解決にはならない。」

高校紛争は、学校とは何か、教師とは何かを問いつめた。ほとんど全てと言って良いであろう、紛争校において問題視されたのが、生徒心得の改廃と、政治活動の自由化であった。特に、生徒心得の中でも、ビラ配布・ポスター掲示・集会の自由と、制服制帽の自由化が掲げられた。

慶応義塾高校全学闘争委員会は、検閲制度をこう批判する。（注7）

「何百回のバリケードよりも、たった1回の検閲の方がより本質的な犯罪であり、何万倍も罪が深いのです。」

もちろん、政治闘争を担う活動家からすれば、その手段である表現の自由、政治活動の自由を訴えるのは当然だ。それなくして彼らは闘いを展開することができない。しかし、より根源的には、なぜ「生徒心得」によって抑圧されなければならないのか、が問われている。都立高校生徒会が発した「生徒権宣言」がその問題提起を象徴する。（注8）

「我々は次のように考える。教師と生徒は人間として平等である。従って我々は人間性を尊重され、その基本的人権を享受することができる。また、教師が真に生徒のための教育指導を行なうところにこそ教師の権威はおのずから生ずるのであり誤った権威主義は否定されなければならない。そして何よりも、我々は高校生として『個人の尊厳を重んじ真理と平和を希求する人間の育成を期する』(教育基本法)ような教育を受ける権利がある。」というのである。同宣言は続ける。

「生徒会自治活動において自ら議決し、執行する権利を有する」、「ホームルーム活動において主体はあくまでも生徒」、行事や儀式について「自主的に企画し、運営する権利を有する」、年間行事、カリキュラム、学級編成、施設購入にあたり「我々の意見を反映させることができる。」

そして、最後に同宣言は訴える。

「我々のいっさいの思想および表現の自由すなわち、言論・出版・掲示の自由は保障される。従って従来の検閲制は廃止され、校内の出版・掲示は生徒が管理する。また、我々が会合を持つこと、およびサークルを作り、活動することは自由である。ただし活動に関する責任は、生徒が負う。」

この「生徒権宣言」は生徒会という機関決定によってなされた要求として、その内容の先進性と合わせて貴重な事例である。学校側は、「将来に向かって真の教育を実現しようとするための、生徒としての立場に立った基本的要請であると解する」として、前向きな見解を発表している。

生徒は人として扱われるべき

生徒心得の改廃が求められたのは、それが憲法の自由権規定に反する、などということではない。学校によって、あるいは教師によって支配され、管理されることを生徒が拒絶したからに他ならない。そもそも、高校とは教育の場である。本来、教育に「支配」も「管理」も必要ない。そうであるにも関わらず、実際には、学校は生徒を支配する。それが「生徒心得」によってなされる時、生徒は、生徒心得の撤廃を要求する。懲戒処分によって生徒を抑圧しようとする時には、処分権の放棄が求められ、職員会議の公開や生徒参加が闘争課題となる。貫かれているのは、法の下の（ないしはもっと根源的に）生徒と教師が人として平等である、とする主張であり、考え方である。

ビラの配布やポスター掲示に検閲がなされようとする際、生徒は学校によって支配される。この現状を打破しようとしたのが高校紛争であった。制服も、制帽も、管理の手段としてみなされ、自由化の要求が掲げられた。生徒の主体性を奪うから反対する、この思想は高校生によって支持された。

高校紛争を都教委の立場から見守った北沢弥吉郎氏は、1971年の著書『東京の高校紛争』で生徒が「本当に求めているもの」として以下3点のように総括する。（注9）

「一つには、人間尊重の教育の要求である。教育内容が受験教育や単なる技術教育にかたよっている不満を表明し、学校の基本的姿勢に問いかけている。

もう一つには、教師との対話の要求である。教科学習の話だけではなく、生徒が疑問に感ずる問題に率直に答えてほしい。また、人間的、人格的な心の交流を期待した話し合いが求められている。

もう一つには、教育内容に対する改善の要求である。平素の授業でついていけない内容、空虚に感じて取り組む意欲の出ない授業などに対する不満、進路別の差別教育に対する不満であった。」

高校紛争が追い求めたのは、人間性の尊重であり、生徒の主体性が守り抜かれた教育であった。人として教育を受ける権利……それを奪われた時、高校生は声を上げざるを得なかったのである。

高校紛争はまだ終わっていない

社会と教育に対して、激烈に訴えた高校紛争は、果たして勝利したのだろうか。それとも敗北を強いられたのか。

たとえば、都立新宿高校、大阪府立住吉高校は学校として教育委員会通達に異議を唱え、高校生の政治活動を認める姿勢を示した。(注10) 同じように、都立大附属高校も、文部省の高校生政治活動禁止に「何ら法的拘束力はない。これに拘束される意思はない」と表明している。(注11) 同様に、札幌南高校、私立麻布高校も政治活動容認の姿勢を示し、琉球政府立首里高校校長は「こうした社会的な問題を生徒たち自身が主体的に取り組み、追求し、判断していくことが有意義なことである」と述べている。(注12) 大阪教育大附属高校池田校舎も、「69通達」に「拘束されない」との立場を示している。(注13)

あるいは、管理教育の象徴ともされる「校則」見直しについても、上野高校は「生徒心得の廃止」を認め、神奈川県立希望ヶ丘高校も「生徒心得」の全面廃止を決めた。[注14] 希望ヶ丘高校では72年になって「生徒規則」を作成したが、掲示やビラ配布は自由となり、集会は届出制となった。学校側が生徒に管理を委ねた貴重なケースとされる。

さらに、前述の東淀川高校では能力別クラスの撤廃を認め、上野高校ではバリケード封鎖した全闘委の要求に応えて自主ゼミナールの導入を決めている。[注15]

これらの事例は貴重だ。これをもって勝利した、という見方も完全な過ちとは言えないだろう。しかし、全体として見れば、闘争を担った生徒の卒業・退学によって闘いは継承されず、学校当局と文部行政の強権的な姿勢によって、高校闘争は敗北した。その後の党派間の内ゲバや連合赤軍事件は、高校生を闘いから離反させ、高校紛争は終息したのである。それが一面の事実である。

しかしながら、筆者はあえてこう言いたい。高校紛争は、まだ終わっていない、と。バリケード封鎖のような事象面ではたしかに終局した。しかし、政治体制の否定、教育体制の否定といった、高校紛争が問うた課題に対する答えはまだ出ていない。政府は、一貫して日米安保同盟強化を進めて、ＰＫＯによる海外派兵、アフガニスタン・イラク侵略戦争に対する参戦、あるいは有事法制の制定や、集団的自衛権行使を可能にする安保法制制定などを進めてきた。教育においても、ますます受験予備校化は進み、また国旗・国歌法の制定や、教育基本法の改悪でもって、国家主義的に教育への介入を強めてきている。高校紛争が敗北した結果、と見るべきではないだろう。むしろ、高校紛争の問うた課題が今日より顕在化しているのだ。

前述の北沢弥吉郎氏も、指摘する。(注16)「政治的行動が沈静したかに見える現在も、その要因は一向に解決していない事実は確認して置く必要があろう」、と。

高校紛争に答えを出す時

「69通達」を乗り越え、高校生が通達を死文化させ、本当に高校生が社会の問題を考え、声を上げられる社会になった時、それは46年の時を経た一つの勝利になる。そのとき、もう一度、政治と教育のあり方が問われることになるだろう。

重ねて言う。高校紛争は終わっていない。そして、今こそその答えを出さなければいけない。それが大人に、そして高校生自身に問われている。

注1：『高校紛争　1969――1970』（小林哲夫著、中公新書、2012年）86頁以下。
注2：『高校生運動』（鈴木博雄著、福村出版、1969年）24頁。
注3：同『高校紛争　1969――1970』113頁。
注4：同『高校紛争　1969――1970』83～84頁。
注5：同『高校紛争　1969――1970』188頁以下。
注6：『東京の高校紛争』（北沢弥吉郎著、第一法規、1971年）75頁。

注7：同『高校紛争　1969―1970』119頁。
注8：同『東京の高校紛争』70頁。
注9：同『東京の高校紛争』69頁。
注10：同『高校紛争　1969―1970』129頁。
注11：同『高校紛争　1969―1970』175頁。
注12：同『高校紛争　1969―1970』202頁、241頁、223頁。
注13：同『高校紛争　1969―1970』195頁。
注14：同『高校紛争　1969―1970』99頁、108頁。
注15：同『高校紛争　1969―1970』105頁、108頁以下。
注16：同『東京の高校紛争』107頁。

4、学芸大附属高校（東京）の事例

東京学芸大学教育学部附属高校は、東京都世田谷区にある国立高校である。進学校としては有名であるが、紛争校として有名な訳ではない（ただし、『高校紛争の記録』（1971年、中沢道明編、学生社）には一定の記述がある）。しかし、多くの高校同様、やはり1969年には高校紛争を迎える。筆者の出身校であって、有名でないからこそ開陳する意義があると思うので、あえて同校の事例を紹介したい。事態の動向は、おそらくは紛争校の典型例といってよかろう。なお、本稿は、２００２年３月、同校生徒会誌「辛夷」40号に筆者が寄稿した「学芸大附高学園闘争記」である。

ビラ掲示への検閲抗議から始まった

闘争のきっかけとなったのは１９６９年４月に起こった映画上映問題だった。この頃校内有志40名は高崎経済大学における闘争映画「圧殺の森」上映を企画していた。問題はその上映会のビラを掲示する際、生徒指導部がなかなか許可を下ろさなかったことに端を発した。現行生徒心得11条は掲示物に教官の許可を必要としているが、それは当時も同様であり、むしろ現在よりも厳しい状態にあった。この上映会の掲示物の許可は2日間保留され、生徒の間からは事実上の検閲に強く抗議する声が上がった。この後、生徒総会や討論集会、臨時ＬＨＲ（ロングホームルーム、筆者注）などが何度か開催され、７時過ぎまで行われることもあった。４月25日には、心得11条改善を求める参考決議で生徒の過半数が賛成している。

その後検閲問題についてはＨＲ委員会を中心に審議が行われ、６月には「心得11条に対する学校側の見解を求める」という質問状が生徒総会で採択され、学校側からも回答が示された。この学校側の回答に納得する生徒もいた一方、不満を持つ生徒も多かった。一部の有志らは討論集会を開くなど活発に運動を展開したが、外部の生徒を参加させたり、ヘルメットを被り、タオルで顔を覆うスタイルをするなど生徒指導部と対立を深めていった。

10月4日、生徒有志らは3年教官に対し、大衆会見を要求した。10月9日には校長不在のため教頭に大衆会見を正式に申し入れたが、教頭はこれを拒否。その後の再三の申し入れにも教頭は応じることなく「くどい、帰れ」と発言するに至った。この頃から生徒の間では「バリケード封鎖が行われるのでは」との憶測が流れていた。もっともこの時点では時期尚早という意見の方が強かったようである。

バリケード封鎖された校舎

大衆会見を拒否された生徒有志は、10月13日早朝、他校生と共に校長室、事務室、正面玄関をロッカーや机などでバリケード封鎖した。一部教職員の手によって事務室と正面玄関については間もなくバリケードが解除されたものの、事務室脇の防火シャッターを下ろすことで生徒有志のバリケード封鎖はほぼ完了、やがて校務室にまで拡大された。その日の午後になって生徒有志は「附高全共斗」を名乗り、5項目要求を発表した。5項目要求とは（1）心得11条撤廃要求、（2）政治活動弾圧反対、（3）文部省指導手引書反対表明要求、（4）教師の処分権破棄要求、（5）

単位制・試験制撤廃について大衆会見を開けというものだった。学校側は、正規のルートでの要求なら応じるが、一部の生徒の要求で応じることはできないとこれを突っぱねた。

10月15日、HR委員会主催で全校集会が開かれた。教官、HR委員、全共斗各4名がパネルディスカッションを行い、大衆会見を開くならバリケードを解くという全共斗の譲歩に対し、学校はこれを応諾した。しかし、その後の予備折衝では開催時間について折合いがつかず、午前1時半、もの別れに終わった。結局16日に予定された大衆会見は流会になり、あちこちのHRで大衆会見開催とバリケード解除を求める決議がなされた。

10月17日、午前中は教官会議が行われ、生徒は午後から登校した。学校側は全校集会で、「暴力を背景にした大衆会見要求に応じたのは一般生徒に対する背信行為であった。今後は大衆会見には応じず、封鎖解除に全力を挙げる。」と説明した。学校側はこのままでは学校正常化は困難と考え、また、内ゲバや外部政治団体（セクト）の介入を恐れ解除を決意したのだった。

学校側がバリケード解除を同日中に決行するという噂は生徒の間にも流れ、夜になっても100人近い生徒が校門前に待機した。こうした中、三宿方面（三軒茶屋近辺）にヘルメット姿の集団が集結しているとの情報も流れ、封鎖解除の際、外部者が乱入してさらに混乱するのを防ぐため学校側は世田谷警察署に警戒を依頼した。10月18日午前0時を過ぎた頃から同窓生と保護者が全共斗を説得したが、これも失敗に終わった。午前3時45分、校長が校長室内を占拠している全共斗生徒に何度も退去を呼びかけ、そしてバリケード解除がはじめられた。「やめてください！」生徒の叫ぶ声が深夜の校舎に響く。あちこちでののしり合い、わめき、そして泣きじゃくる姿が見られた。「附高はもうおしまいだ。」教官も絶望の中にいた。ありとあらゆる物が投げつけられ、ガラス窓も割られた。怪我人も出た。本校の高校紛争で最も激しく、最も悲惨な瞬間だった。

結局学校側はバリケード封鎖の解除に失敗し、10月18日から22日まで臨時休校（ロックアウト）されることとなった。23日には、翌日から授業を再開するという説明がなされたが、これに抗議した全共斗がバリケードを拡大、翌24日も教室不足のため臨時休校せざるを得なくなった。そして10月25日には校長が狭心症で倒れるという事態が起きた。10月26日、学校側はついに警察隊の導入を決意し、午前5時半からバリケードは解除され、中にいた男子10名、女子2名が世田谷署に連行された。

その後10月27日から11月4日まで再び学校は臨時休校となった。27、28日には近隣の公園で生徒が集会を開き、その後校門前で学校側からの説明を求めた。怒った一部生徒が中に入ろうとして100名前後の警官隊と衝突する事態も起きた。

大量処分で収束を図った学校当局

11月3日、学校側は退学1名を含む34名の生徒の処分を郵送で通達した。この34名というのは

都立日比谷高校に次ぐ全国2番目に多い数だそうである。(注1)

11月5日の学校再開後、処分問題について話し合う全校集会や生徒総会が連日開かれた。11月13日には生徒総会で「処分を白紙撤回し再検討を行う要請」を賛成多数で可決した。翌日学校側は「処分理由に重大な誤認があった場合のみ処分を取り消すこともありうる」という回答を示したが、実際には誰一人として処分は撤回されなかった。

その後修学旅行が11月16日から22日まで行われ、事実上冷却期間となった。次に大きな問題が起きたのは11月29日、辛夷祭（同校の文化祭のこと。筆者注）初日のことであった。この年は学校が混乱していたため、開催日程についてもかなりモメたようである。29日午前2時頃、校内で辛夷祭の準備をしていた生徒若干名と、校門前でたき火をしていた生徒が警官隊に排除されるという事態が起きた。警官隊の導入に怒った生徒約２００名は同日中庭集会を開き、その後午後から夜半まで教頭を取り囲み事情説明を求めた。そのうち教官が間に入り、教官と生徒の討議となった。教官会議では、生徒の構内宿泊を認める決定がなされた。しかし午前0時頃になって、教頭の独断で警官隊が導入された。警官隊導入により学校は混乱に陥り、全共斗3名と他校生1名が逮捕された。

辛夷祭2日目にあたる11月30日、ほぼ全生徒が講堂に集まり、皆興奮して口々に警官隊導入を非難した。教官会議では、全共斗主催で大衆会見を開くことを決めた。この年の辛夷祭に対する生徒の思いは複雑だった。後から振り返ってやるべきで無かったと思う生徒も多かったようである。

12月4日、5日、8日、大衆会見が開かれた。しかし、肝心の教頭は出席せず、生徒と教官の間で事実確認がなされるにとどまった。

12月12日、1・2年は翌日から冬休みに入ると突然発表され、1月17日まで登校が禁じられた。この間3名の生徒が逮捕されるという事態があったものの、長い冬休みを経て生徒の熱は一気に冷めていった。受験を目前に控えた3年生徒が闘争から脱退していったことも大きな要因だ。盛んだったクラス討議も行われなくなり、3学期に入ってからは生徒総会や全校集会もほとんど開かれなくなっていった。

心得11条についてはその後生徒総会で撤廃要求が決議され、生徒会の管理に移そうという動きも進んだがこれも実現せず心得11条は今もなおその姿をとどめている。

結局、本校における学園闘争は、全国2位（注1）という多数の処分者を出した一方、要求項目についてはほとんど実現されなかった。事実上の敗北と言って間違いあるまい。だが同時に、全校生徒が学校の問題について真剣に考えたことに対する歴史的意義は極めて大きかったと確信している。

参考文献
（生徒会誌）『辛夷』8号、11号、12号、20号、28号、33号
（同窓会誌）『泰山木』14号、17号

『東京学芸大学20年史』

『東京学芸大学附属高等学校40年の歩み』

注1：『高校紛争　1969――1970』（小林哲夫著、中公新書、2012年）111頁記載の「処分対象者数」及び204頁によれば、学大附高は34人、日比谷高校は50人であるが、1970年8月になって紛争化した札幌南高校では86人となっており、この表による限り、学芸大附高は全国3位となる。本書ではあえて訂正しなかったが、ご留意賜りたい。

5、判例から読む高校紛争

昭和女子大退学事件の先例

学生・生徒の政治活動の自由について考える上で、重要な判例がある。「(私立) 昭和女子大退学事件」である。(注1) これは1961年、昭和女子大に在籍していた2学生が、政治的暴力行為防止法案反対の署名活動を行ったこと、また民主青年同盟に加入していたことをもって「署名運動・資金カンパなどの事前届出制」「許可なく学外団体に加入することの禁止」を定めた学則違反とし、翌年2月に「学校の秩序を乱しその他学生としての本分に反したもの」として退学処分に付された事件である。「本学は創立以来かつて1名の左傾学生やデモ参加学生を出したことはない。このような学校の伝統と誇りを傷つけた責任は重大」「それは殺人にも匹敵するもの」という大学の在り方にも驚かされるものがあるが、司法判断の反動ぶりにも驚かされるものがある。

東京地裁は、「法の適用を受ける公的教育機関であるから、思想の問題では寛容であることが法律上要求されている」等として、処分無効の判断を下した。しかし、東京高裁は１９６７年、判決で、「大学は学則を制定し学生に指示命令することが出来、これによって定められた各学校の学風、教育方針によって、政治活動、政治活動団体への加入等を制限し規制することも思想、信条による差別的扱いで公序良俗に反し無効であるとは解されない」とし、退学処分について「社会通念上著しく不当なものでも懲戒権の範囲を越えるものでもない」と判示して、原判決を取り消した。(注2)

憲法の自由権規定は私人間に適用されるか

最高裁はどう判断したのか。学生運動に関連して、最高裁まで争われた貴重な事例であり、少し詳解をさせて頂きたい。(注3) 1974年7月29日の判決である。

まず、同大学が私立大学であることから、憲法の自由権規定が私人間に適用されるかが争われた。私人相互間の関係について当然に適用ないし類推適用されるものでないことは、当裁判所大法廷判例（三菱樹脂事件判決、筆者注）の示すところである。

では、一方的に定められた学則を遵守する義務が学生にあるのだろうか。最高裁の判決理由は以下のように言う。「大学は、国公立であると私立であるとを問わず、学生の教育と学術の研究を目的とする公共的な施設であり、法律に格別の規定がない場合でも、その設置目的を達成するために必要な事項を学則等により一方的に制定し、これによって在学する学生を規律する包括的権能を有するものと解すべきである。特に私立学校においては、建学の精神に基づく独自の伝統ないし校風と教育方針とによって社会的存在意義が認められ、学生もそのような伝統ないし校風と教育方針のもとで教育を受けることを希望して当該大学に入学するものと考えられるのであるから、右の伝統ないし校風と教育方針を学則等において具体化し、これを実践することが当然認められるべきであり、学生としてもまた、当該大学において教育を受けるかぎり、かかる規律に服することを義務づけられるものといわなければならない。」

昭和女子大の特殊性

冒頭述べたように、昭和女子大事件は異例である。そもそも火炎瓶とか、バリケードとか、そういったものとは全く無縁な、たかが署名活動で、退学処分である。そもそも、資料によれば、「学生が単独で、もっぱら昼休みや放課後に身近な友人等に署名を依頼して歩いたという程度のもの」

だったという。こんなことを「殺人にも匹敵する」という大学を、単に「保守的傾向」などと言えるのだろうか。しかし、判決は言うのである。

「同大学が学生の思想の穏健中正を標榜する保守的傾向の私立学校であることをも勘案すれば、右要録の規定は、政治的目的を持つ署名運動に学生が参加し又は政治的活動を目的とする学外の団体に学生が加入するのを放任しておくことは教育上好ましくないとする同大学の教育方針に基づき、このような学生の行動について届出制あるいは許可制をとることによってこれを規制しようとする趣旨を含むものと解されるのであって、かかる規制自体を不合理なものと断定することができない。」「当該事案の諸事情を総合的に観察して、その退学処分の選択が社会通念上合理性を認めることができないようなものでないかぎり、同処分は、懲戒権者の裁量権の範囲内にあるものとして、その効力を否定することはできない。」

教育法学の立場から

繰り返すが、ただの署名活動や、あるいは民青同盟への加入が退学処分の要件となって、司法はそれを追認したのである。

教育法学者は、「判例のいわゆる私学の『自主性』は、このような私学の『公共性』を抜きにした『自主性』でしかない」と批判する。(注4) もう少し展開しよう。最高裁判決のいう「建学の精神に基づく独自の伝統ないし校風と教育方針……のもとで教育を受けることを希望して当該大学に入学する」という「古典的な認識」について、「少なくとも日本の現実において、そのような条件が満たされていないことは明らか」と言う。

そして、「学校側が望ましいと考える人間像に育つ見込みが失われれば、学校側はその学生を排除しうる、という論理」であると批判し、「社会的強者の権利を制限的に解釈するという広く認められた原則や、労働契約や各種賃貸借契約のように、現実には不対等な当事者間における継続的契約を社会的強者の側が解除することを立法・判例が著しく制約している現代的な傾向と全く異なっている。」と指摘するのであった。

高校紛争の裁判例を読み解く

大学でさえ、と言って良いであろう。（私立大の事例とはいえ）ただの署名、学外団体への加入で退学処分となり、司法も追認するのである。高校ではどうであろうか。「高校生の政治活動の自由」という観点に限って取り上げたいと思う。

●駒場東邦高校退学処分事件（1972年3月20日、東京地裁）

＊事件概要

高校2年のAは、校長名による生徒の政治的デモ・集会への参加禁止の指示に違反して、1969年11月、首相訪米阻止闘争に参加し逮捕された。3日後の釈放後、校長の説得に対し、今後かかる政治的デモや集会には一切参加しない旨、誓約した。にも関わらず、1970年9月15日、友人とともに入管法阻止総決起集会およびデモに参加し、友人が凶器準備集合などの嫌疑で逮捕された。

Aは、翌16日から処分反対運動をよびかけ、校長を誹謗するビラをまいたり、処分阻止討論集会を開いたりした。学校側も事態収拾への努力をし、Aに対しては軽挙妄動を戒めた。

しかし、その後もAは3回にわたり、無許可で、凶暴な言葉の使われたビラを校門付近で生徒に配布した。また、9月27日、保護者らでにぎわう文化祭第2日の午後には、Aおよびヘルメット、こん棒姿の他校生30～40名が中庭で無許可集会を開き、学校側の退去命令にも従わなかった。さらに、集会参加者を処分するかどうか、教頭が明確に答えなかったこともあり、夕方には職員室に乱入し、夜にかけては廊下に坐りこんで処分反対、政治活動禁止批判をくりかえした。

Aの行為は、学校の秩序維持の面からも放置できない状態となり、また、私学としての同校の教育方針に根底から背馳しており、同校生徒の指導の外にあるものと認められてもやむをえないとして、9月28日の職員会議で十分な討議をした上、10月5日にAを、同月7日にAの法定代理人をそれぞれ呼び出し、校長が処分事由を説明した。これについての弁明の機会を与えたのち、7日午後の職員会議に諮り、その結果に基づいて校長が退学処分に付することを決定した。

このことに対してAは、退学処分の無効を訴えるべく、仮処分の申請に及んだ。

＊判決要旨

【学校長が生徒の政治活動を禁止したのは次の理由による。】

①高校の教育活動の場で生徒の政治的活動を黙認することは教育基本法8条2項（旧法。現行法第14条2項。筆者注）の趣旨に違反する。

②生徒は未成年者であり法律上成人とは違った扱いをうけている。

③生徒は心身とも発達の過程にあり、十分な判断力や社会的経験をもたない時点で特定の政治的立場の影響をうけることは、将来、広い視野に立って判断することを妨げる。

④一部の生徒が行っている政治的活動の中には、違法、暴力的、あるいはそのような活動に発展の可能性の強いものがあり、非理性的に押し流されて、不測の事態を招くことになりやすい。

【Aが憲法違反であると主張するのは、次の理由による。】

①教育基本法には教育の政治的中立性が定められているが、これらは、高校生についてとくに思想・表現の自由が制約される理由にならない。

②卒業すれば多くの者がただちに社会に出て働くことになるし、成人にも近い。高校時代にこそ将来真に社会の担い手となるべく政治教育が必要であり、政治的活動によって政治社会の具体的問題を体得させることが必要である。

③ビラ配布、デモ参加などの行為は他の社会成員の利益に対しなんら明白かつ現実的な危険をもたらすこともなかった。
④したがって、政治活動の禁止は憲法19条（思想の自由）、21条（表現の自由）に違反し、本件処分は学校長の教育方針批判に対する報復としてなされたもので憲法14条（法の下の平等）にも違反する。

【裁判所の判断】
①未成年者とくに高校程度の教育過程にあるものについて、その教育目的を達するのに必要な範囲で表現の自由が制限されることがあっても、かならずしも違法ではないと解されるから、ビラ配布や集会開催の許可制はただちに表現の自由を保障した憲法の規定や公の秩序に違反する無効なものということはできない。
②学校長が生徒の政治活動を禁止したのは、未成熟者に対する教育上の配慮に基づく相当な措置であると解されるから、これまた表現の自由を保障した憲法の規定や公の秩序に反する違法なものとはいえない。
③本件処分が思想・信条に基づく差別扱いであることを疎明する資料はないから、憲法14条に違反するということもできない。
よって生徒側の訴えを棄却する。

（さらに、本件では懲戒処分と懲戒権者の裁量権について争いがあるが、本書では割愛する。）

逃げた裁判所、教育を捨てた学校当局

この事件で弾劾しなければならないのは、校長名で政治活動を禁じていることと同時に、Aに対する学校側の対応である。Aは一体何をしたのであろう。首相訪米阻止の闘いで逮捕され、その後の友人の逮捕に対してビラまきを行った。その後、集会を開き、態度表明を拒む教頭に対して、職員室に「乱入」して座り込みを行った。

A（もしくは同調者）はヘルメットをかぶっていたかもしれないし、資料に書かれていない範囲で暴力をふるったかもしれないが、およそ「教育を受ける権利」を奪われる、すなわち退学となるような事例ではないと考える。もとより、政治活動禁止、ということが一般に、表現の自由や集会・結社の自由と抵触することは言うまでもない。憲法の自由権規定が直接には私人間に適用されない、とする司法判断は前述の昭和女子大事件や先例の三菱樹脂事件の判示するところであるが、無権利状態におかれていい訳ではない。「無許可でビラ」「無許可集会」……こうした表現自体が、今日的に見ればナンセンスなもので、およそ怒りを禁じ得ない。事態をエスカレートさせたのが、学校側の強権的な規制ではなかったのか。A、もしくはAらの訴えに、真摯に耳を傾けてさえいれば、そもそも過激化するようには見えない事例である。今日の「子どもの権利条

約」の意見表明権たる考え方に立てば、学校側は規制ではなく、受容によって耳を傾ける必要があった。「事態収拾」「軽挙妄動を戒め」という態度には、およそAの考えを受け止めようとする姿勢は見られないのである。

学校側の主張を見よ！ そこにあるのは「69通達」の考え方、ですらない。「69通達」そのものがコピー&ペーストされているのだ。そういうやり方が「教育上必要な配慮」なのか。それが「教育的裁量性」なのか。政治活動は、生徒の思想や信条、人格そのものにかかわる問題で、人生そのものだと言ってもいい。文部省の通達をコピペして、それで排除を正当化しようとする学校の在り方自体が糾弾されてしかるべきではないか。

裁判所の判断も、Aの主張に答えていない。追認ありきの事なかれ主義とでも言えば良いのだろうか。憲法の規定、教育基本法の規定と合わせ、「高校時代にこそ」として政治教育・政治的活動の必要性を訴えたAの主張に、真っ向から応えるべきであった。「教育上の配慮」「教育目的を達するのに必要な範囲」……これが「69通達」をして、高校生を無権利状態にせしめようとする論理だ。

「未成熟者に対する教育上の配慮」、それはAが主張しているところである。真に社会の担い手となるべく政治教育が必要であり、政治的活動によって政治社会の具体的問題を体得させることが必要である、と！ 政治活動禁止を追認する司法権力の態度には、およそ恥を知れという他はないのである。

●新潟県立高校退学処分事件（1977年3月8日、東京高裁）

＊事件概要

Bは1969年9月から文化祭で反戦思想がないなどで教頭に自己批判を迫ったり、国際反戦デーに無許可集会を開くなどしていた。

11月に「有志の会」を結成し、学校・生徒の合意で全校集会準備委員会が結成。しかし学校側が「生徒の政治活動に関する統一見解」を示し、それを変える意思がないとして決裂。その後、他校生と共にバリケードを築いて学校を封鎖、教頭などを軟禁したため、警官を導入し、封鎖を解除した。

これによってBら3名は無期家庭謹慎処分となったが、2名は反省し、処分を解かれた。処分に対してBは学校封鎖の正統性を主張。反省は権力に対する屈服であるとし、母親も、反省を迫るのは一種の威嚇であると考え、謹慎処分が解除されないまま、出席日数不足で進級できなくなった。

Bはその後、佐藤訪米阻止闘争に参加、翌70年2月には数名の生徒と共に前庭で「安保粉砕、沖縄闘争勝利、処分撤回、紀元節粉砕」などのシュプレヒコールを繰り返した。

また、卒業式闘争勝利全県下高校生総決起大会に参加した後、20名で他校に突入、教師9名に傷害を与えた。

3月になって、卒業式予行の日、他校生20名と校庭内に入ろうとして教師2名を殴打。翌卒業式当日、10名で玄関前に押し寄せ、制止しようとした教師に暴行するが、警官によって構内から排除された。

学校長は3月24日、Bと母親の来校を求め、口頭で退学を命じる旨、言い渡した。

Bは、退学処分の取消を求めて訴えたが、新潟地裁で敗訴。これを不服として東京高裁に控訴したものである。

＊判決要旨

「高等学校の生徒は、（中略）国政上においては選挙権が与えられていないが、その年齢などからみて、独立の社会構成員として遇することができる一面があり、その市民的自由を全く否定することはできず、政治活動の自由も基本的には、これを承認すべきものである。しかし、現に高等学校で教育を受け、政治の分野についても、学校の指導によって、政治的識見の基本を養う過程にある生徒が、政治活動を行うことは国家社会として必ずしも期待しているところではない。のみならず、生徒の政治的活動を学校の内外を問わず、全く自由なものとして是認するときは、生徒が学習に専念することを妨げる。」

したがって、

「学校側が生徒に対して、その政治活動を望ましくないものとして規制することは、十分に合理性を有するところである。」

Bの控訴を棄却する。

（さらに本件でも処分と校長の裁量権について争いがあるが、割愛する。）

高校生を独立の社会構成員として遇することができる一面がある、として「政治活動の自由も基本的には、これを承認すべきものである。」としていることは重要だ。だが、この判決は、およそ自己矛盾をきたしていないか。一方でそのように言いながら、「国家社会として必ずしも期待しているところではない」として「69通達」と同旨の見解を示し、「政治活動を望ましくないものとして規制することは、十分に合理性」と結論づけてしまうのである。しかし、「学習に専念することを妨げる」とするこの判決の主張に、大阪地裁は異なった判断をしている。

●大阪阪南高校卒業式刑事事件（1974年4月16日、大阪地裁）

＊事件概要

Cは生徒会活動に熱心で、また政治集会や街頭デモにも参加して政治活動にも積極的であった。

1968年10月、Cは、所属している反戦高協（中核派系）の集会に対し、不参加を呼びかける女生徒の顔面を殴打し無期停学処分を受けたが、2週間後処分は解除された。その際、校長は解除の条件としてCの父親に、日付と理由の書いていない退学願を要求し、保管した。

1969年1月、Cは桃山学院大学で開催された反戦反安保南大阪高校生集会で、そこにいた生徒指導部の教員を他の参加者と共にその両腕をつかまえて、会場から追い出した。翌日校長は、父親に暴行を非難し、修得単位の不足から進級の見込みもないので既に保管していた退学願に日付と「家事都合により」と理由を書き入れさせた。Cは、退学になるような暴力ではないと主張し、相談なく退学願を提出した父親を詰問。生徒指導部の当該教員にも真実を話すよう要求し、校長にも退学願を返すよう求めたが、校長は無視して退室し、同日Cは除籍された。

その後、Cは、卒業式の実力阻止のため、反戦高協の生徒30数名でバリケード封鎖し、校長室で教頭に対して暴行・脅迫を加えた。これに対し、建造物侵入、暴力行為等で訴追された。

判決の一部は以下である。

「高校生といえども一個の社会人として、国の政治に関心を持ち、自ら選ぶところに従って相応の政治活動を行なうことはもとより正当なことであって、そのことにかまけて一般の学業をなおざりにすれば、その面で批難されることはあっても、政治活動を行なうこと自体は何ら批難されるべきことではない。もとより教育は生徒の全人格の完成をめざして行なわれるものであるから、学校や教師は校内のみにとどまらず、校外における生徒の生活、行動についても、できるかぎり指導に当る責務を有するのであるが、指導にあたっては、政治活動の如く、生徒の基本的人格にかかわる問題については特に、いやしくも指導の名のもとに自己の政治的信条を押しつけたり、生徒の政治的自由を不当に抑圧するようなことがあってはならないのはもとより、生徒にそのように受けとられないよう慎重な配慮がなければならず、この点において、ただ未成年であるからとか、高校生としてふさわしくないとか、危険であるというだけの理由で、政治集会やデモに参加することを一律に禁止し、生徒の参加が予測される集会やデモには、その都度生活指導部の教師らが出向いて様子を見るという措置に出たのは、学校当局の真意が奈辺にあるにしても、これを受ける生徒の側からすれば、生徒の政治的自由に対する弾圧であると受けとるのも無理からぬものがあり、そのような措置が教育的見地からみて妥当なものであったかどうかははなはだ疑問であると言わざるを得ない。」

なお、判決は懲役4ヶ月、執行猶予1年であった。

子どもの権利条約の先駆けといえる司法の良心

この大阪地裁判決は、「高校生として相応な政治活動を正当と判示した唯一のもの（注5）」として注目される。批判もあったようではあるが、今日、子どもの権利条約が制定・批准され、成長発達権の、あるいは学習権の主体であることがはっきりしている中にあって、その市民的自由権行使について、「一個の社会人として」「正当なこと」と評するこの判決は、極めて妥当な内容を含んでいるといえる。およそ一字一句を賛美したくなるような内容で、司法の良心、というものをここに見出したいと思う。そして、学校教育ないし教員と全く独立した形での市民的自由権行使を前提とせず、一方では「教育は生徒の全人格の完成をめざして行なわれるものであるから、学校や教師は校内のみにとどまらず、校外における生徒の生活、行動についても、できるかぎり指導に当る責務」としていることについては、子どもの権利条約12条の意見表明権における、関係性の中での成長発達権と同旨である、あるいはその先駆的判断と言っても良いのではなかろうか。その中における、指導の限界（注意事項）について具体的に判示していることは、極めて貴重であって、「今日、改めて、この判決の内容が検討され学校の中でも『常識』となる必要があるであろう」。(注6)ここにおいては、「69通達」の考え方は、全面的に否定されている。

なお、本書では割愛したが、同判決は、学校の退学処分そのものについても、「学校当局の措置には教育的配慮を欠くうらみがあった。」「学校当局のとってきた態度は遺憾な点が多い」と批判している。(注7)

注1：『別冊ジュリスト41　教育判例百選』（我妻栄編集代表、有斐閣、1973年）32頁。
注2：『教育基本法第8条（政治教育）小史——教育法社会学的小史』（永田照夫、西村信天堂、1985年）189頁。
注3：『憲法判例集第9版』（野中俊彦・江橋崇編著、有斐閣新書、2004年）。
注4：『教育法学』（有倉遼吉編、学陽書房、2000年）利谷信義・池田恒男「教育法と民法」。
注5：同『教育基本法第8条（政治教育）小史——教育法社会学的考察序説』216頁以下。
注6：『高校紛争』（柿沼昌芳・永野恒雄・田久保清志著、批評社、1996年）191頁。
注7：『別冊ジュリスト64　教育判例百選（第2版）』（小林直樹・兼子仁編、有斐閣、1979年）40頁。

第三章「69通達」と教育基本法・子どもの権利条約

「戦争法案」に反対する高校生の東京・渋谷デモ（2015 年 8 月 2 日）

1、今日も生きている「69通達」

イラク反戦署名を校内では禁じられる

「69通達」は、1969年の、高校紛争という特殊な環境下で出された過去の文書なのだろうか。問題はその文書が、「紛争時」のものでも、「過去」のものでもなく、現在も脈々と受け継がれている、生きた文書である、ということである。

本章5においても触れるが、2004年2月2日、宮崎県の高校生、今村歩さんは、小泉首相（当時）に宛てて、武力によらないイラク復興支援を求める請願書名を5358筆集めて届けた。小泉首相はマスコミの取材に応じて「先生がもっと生徒に教えるべきですね」等と述べて、その勇気ある行動を侮辱したのである。しかし、今村さんを傷つけたのは小泉首相だけではなかった。今村さんは、当時発したメッセージの中で、学校による規制を告発している。(注1)

「先生に署名の事で相談すると『個人でするのなら大丈夫だと思うよ！』と言ってくださいましたので、教頭先生に聞くと『署名用紙に書かれている学校名を消しなさい』と言われました。私は、『学校は関係なく個人でするつもりです』と説明しましたが、学校名を伏せるよう指導されました。校長先生は、『学校名を署名用紙に掲載しないことと、受験へ向かう学校の雰囲気が乱れるので校内で生徒にまわさないこと』の二つを約束するよう言われました。わたし個人が思いつきで始めた署名だったので、その二つの約束をして学校内でも集めず、学校名も消しました。私は、自分の学校が好きだし学校名を伏せるのは許せなくて、その時は学校に腹もたち悔しさと怒りでいっぱいでした。」

フランス核実験や原発問題に対する文化祭での取り組みを禁止

既述の『高校紛争』には、1995年のフランス核実験に対する高校生の取り組みを規制した例として、「生徒の反核署名に『待った』兵庫県西緑台高——学校側『政治的だ』」と題する朝日新聞記事が紹介されている。同書より引用する。(注2)

「新聞報道によれば生徒会の役員らが、フランスのムルロア環礁での核実験に対して『若い世代の平和への意思表示を』と文化祭で生徒や保護者、来賓らに呼びかけることにした。ところが、学校は許可せず、『教育の場で、高校生が政治的に行動するのは問題が多い』『校長や教頭が責任を持てないことを認めるわけにはいかない』などと説明したという。

生徒会執行部は署名活動の取り扱いを全校生徒にはかることにし、文化祭当日の朝、開会式で生徒会長が提案し、拍手で認められたが、その直後、教頭がステージに上がり許可しないことを伝えたという。執行部は署名活動を強行すると、文化祭まで中止になりかねないと判断し、断念したという。

最後に生徒会役員らは『学校側の説明は納得できない。小さくとも声を上げ、平和や地球環境保護を訴えたいという気持ちを分かってほしかった』と訴えており、校長は『生徒の意見をおさえつけようという気は毛頭ない。核実験には賛否があり、まずはサークルを作るなどしてよく勉強したうえで、その成果をどう生かしていくかを考えるのが筋』とコメントしている。」

今日、筆者は全く同じことを聞くことになる。制服向上委員会へのインタビューの中で、次のような事例を挙げられたのである。

「私たちのメンバーの中で、3・11が起きてから、文化祭でなんかこう取り上げるってなったときに、脱原発っていうか原発事故について取り上げようってなってたんですけど、学校の先生からは、色々な考えを持っている人がいるから、そういうのはやめた方がいいよっていうので展示ができなくなっちゃったっていうのは聞いたことがあります。」

「69通達」が生き続ける学校

「69通達」が学校の授業から、実際の政治的事象に対する教育を排除し、高校生の（ないしはその後に至る）政治的無関心を量産してきたことは言うまでもない。それもまた今日的問題である。そして、高校生が社会の問題に声を上げようとした時、そこにはバリケードもなければ違法なものもないにも関わらず、ともすれば教育における政治的中立を口実として、高校生の政治的行動を禁圧する。それが、過去の、ではない、今日の学校現場の状況なのである。形骸化した各種の式典などにおいては、「体制内の」平和への取り組みとして高校生(ないし小中学生)を「利用」しておきながら、既存の政治や社会への批判は許さない、こんなふざけた話が通用してしまっているのが今日の「民主的な」社会なのだ！

教育基本法は、子どもの権利条約は、こんな学校現場における政治的活動禁止を容認しているのだろうか。本章においては、そのような視点から「69通達」を考えていきたい。

注1：ＮＧＯ「イラク救済基金」ＨＰに掲載されたもの。現在リンク切れとなっており、今回の引用にあたっては、次のサイトによった。http://www.kokuminrengo.net/old/2004/200403-myzk.htm

注2：『高校紛争』（柿沼昌芳・永野恒雄・田久保清志著、批評社、１９９６年）11頁以下。

2、教育基本法は高校生の政治的活動を禁じ得るか

明治時代から通底する「政治活動の禁止」

教育基本法と憲法はその制定によって何を否定したのか。それは、戦前の教育勅語であり、大日本帝国憲法（明治憲法）であった。その一般的な理解をふまえつつ、こと「高校生の政治活動」

に限って歴史をふりかえってみると、これもまた異なった理解ができる。

そもそもペリー率いる黒船が浦賀にやってきた時、日本には憲法も民選議会もなかった。高校の日本史をふまえて、少し明治時代を振り返ってみたい。1854年の日米和親条約、1858年の日米修好通商条約調印などで「鎖国」政策を改めた日本では倒幕運動が高まり、1867年の大政奉還、「王政復古の大号令」を経て新政府が発足するに至る。廃藩置県、地租改正、徴兵令、新貨条例など1870年代前半に明治期の諸改革が進められる。本稿に限って、年代の流れを追うべく「明治」という和暦を併記していきたい。

教育関連で言うと、1872年（明治5年）、学制が公布されて、全国に2万校以上の小学校が設立された。

こうした中にあって、板垣退助・後藤象二郎らが1874年（明治7年）「民撰議院設立の建白書」を提出。政府は翌1875年(明治8年)になって、「漸次立憲政体樹立の詔」を出して、徐々に立憲政体を整備する方針を示している。国会開設を求める自由民権運動が高まる一方で、政府は「讒謗律《ざんぼうりつ》」（1875年（明治8年））と、同日「新聞紙条例」を公布して言論統制に乗り出す。

国会期成同盟が結成された1880年（明治13年）には、「集会条例」が公布される。そこには、次のような条項がある。（注1）

「第7条　政治ニ関スル事項ヲ談義スル集会ニ、陸海軍人、常備予備後備ノ名籍ニ在ル者、警察官、官立公立私立学校ノ教員生徒、農業工芸ノ見習生ハ、之ニ臨会シ又ハ其社ニ加入スルコトヲ得ス。」

この集会条例は、集会の届出制や警察官による解散命令権などを規定した治安立法であり、自由民権運動の急進的な活動を取り締まることに目的があった。そこに「官公立私立学校の教員生徒」という文言が早くも見られるのである。ここに「教育目的」とか「教育的配慮」を見出すのは、およそ困難なことであろう。当時はまだ、6・3・3・4制に基づく高校というものは存在していない訳であるが、「生徒の政治活動禁止」が、治安対策、もしくは政府批判鎮圧以外の何物でもなかったことは注目に値する。それが出発点なのである。

1889年（明治22年）2月11日になって、ようやく「大日本帝国憲法」が発布される。「天皇ハ神聖ニシテ侵スヘカラス」として、天皇に大きな権限を与える一方、帝国憲法は、人権規定を次のように定めている。例えば第29条は次のように定める。(注2)

「日本臣民ハ法律ノ範囲内ニ於テ言論著作印行集会及結社ノ自由ヲ有ス」

これは、極めて限定された権利であろう。後の日本国憲法が基本的人権について、「侵すことのできない永久の権利」（第11条、第97条）とし、また「集会、結社及び言論、出版その他一切の表現の自由は、これを保障する」（第21条）としているのとは、やはり雲泥の差があるといえよう。

同1889年（明治22年）10月30日、教育勅語が発布される。第1回帝国議会が開かれるのは1890年（明治23年）になってからである。

その後、劣悪な労働条件に対して労働争議が頻発するようになり、1900年(明治33年)になって、今度は「治安警察法」が制定される。第5条が次の規定をおいている。(注3)

「左ニ掲クル者ハ政事上ノ結社ニ加入スルコトヲ得ス
一　現役及召集中ノ予備後備ノ陸海軍軍人　二　警察官　三　神官神職僧侶其ノ他諸宗教師　四　官立公立私立学校ノ教員学生生徒　五　女子　六　未成年者　七　公権剥奪及停止中ノ者　女子及未成年者ハ公衆ヲ会同スル政談集会ニ会同シ若ハ其ノ発起人タルコトヲ得ス」

その後、反対運動があって1922年になって、女性の政治活動規制は削除されることとなったが、未成年者もしくは学生は集会に参加することも、政治上の結社に加入することも禁じられることとなってしまったのである。筆者はここで「戦前」史を包括的に展開できるほど知識も持ち合わせてはいないし、またそのつもりもないけれども、「戦後」になって日本国憲法や教育基本法が否定したのは、まさにこういう人権無視の大日本帝国憲法であり、集会条例や治安警察法のような治安立法だったはずである。そうしたことを考えたとき、1969年になって(あるいはそれ以前から)高校生の政治活動を禁止する通達が出された経過を思うと、それがどんなに「教育的配慮」、あるいは「政治的中立」の美名に取り繕われていようとも、私はこう言わざるを得ないのである。「『戦前』か!」と。

日本国憲法と「69通達」

これまで教育基本法(旧法)第8条(政治教育)をめぐる文部省側の、「歪曲」を紹介するあまり、もしかすると、教育基本法はやっぱり、高校生の政治活動を禁じているのではないか、との思いを抱いてしまった読者がおられるかもしれない。

注意しなくてはならないのは、「69通達」にせよ、都道府県教委通達にせよ、それは、文部省・教育行政に都合の良い法解釈に過ぎないのだということだ。駒場東邦高校退学事件判決のように、司法がそれを判断する場合にも、それは独自の判示というよりは、行政の言い分を追認している場合が多い。もう一度、今日的にこの問題を取り上げるならば、およそそれは文部省の作文によるべきでなく、教育法学者の見解に耳を傾けるべきであろう。

教育基本法から「69通達」を考える際、まず中心となるのが、旧法8条（政治教育）であることは、「69通達」自身が書いているところであるが、そもそも高校生の政治的活動、もしくは政治教育（「政治的教養のための教育」）を受ける権利、として考えると、単にそれに留まるものではない。

「69通達」が高校生の政治的活動を禁止する、ということから直接に関わってくるのは次のような憲法の規定であろう。例えば第19条（思想・良心の自由）、第21条（集会・結社・表現の自由）が挙げられる。しかし、こと政治活動に限っていえば、それに対する内面の動機というものがあるのであって、例えば戦争反対、原水爆禁止、もしくは増税反対、脱原発……。こうしたことは第13条の「幸福追求権」にも関わってくるし、ないしは第25条（生存権）への関わりを見出すこともできる場合があろう。そして、これら規定に抵触する形で「69通達」が存在していることは、第11条（基本的人権の享有）が定める「国民は、すべての基本的人権の享有を妨げられない。この憲法が国民に保障する基本的人権は、侵すことのできない永久の権利として、現在及び将来の国民に与へられる。」との規定にも反してくる。また、教育基本法第2条が、教育の方針として、「教育の目的は、あらゆる機会に、あらゆる場所において実現されなければならない。」と規定していることを想起した時、「69通達」の政治活動禁止規定は、同時に憲法第26条の「教育を受ける権利」をも侵害していると言ってよい。高校生は教室の中でも学ぶであろうし、校外でも、家庭においても政治的教養を身につける権利を持っているのである。

そして、「この憲法が国民に保障する自由及び権利は、国民の不断の努力によってこれを保持しなければならない。」（第12条「自由・権利の保持の責任とその濫用の禁止」）のであって、憲法の最高法規性から第97条（基本的人権の本質）がいうように、「この憲法が国民に保障する基本的人権は、侵すことのできない永久の権利として信託されたものである」。また、第98条は、憲法の最高法規性を定めて、「この憲法は、国の最高法規であって、その条規に反する法律、命令、詔勅及び国務に関するその他の行為の全部又は一部は、その効力を有しない。」とする。

さらに進んで、「高校紛争」時に見られた処分事例などを見れば、憲法第14条の「法の下の平等」などが関わってくるし、教育基本法第3条（教育の機会均等）が「……信条……によって教育上差別されない」とする規定、あるいは教育基本法第6条（学校教育）が規定する「法律に定める学校は、公の性質をもつものであって……」とする定めも関わってくる。

「69通達」はどう見ても憲法の自由権規定に反するのであるから、およそ無効という他はない。「未成年者とくに高校程度の教育過程にあるものについて、その教育目的を達するのに必要な範囲で表現の自由が制限されることがあっても、かならずしも違法ではないと解されるから……ただちに表現の自由を保障した憲法の規定や公の秩序に違反する無効なものということはできない。」（駒場東邦高校退学処分事件判決）とする考え方と憲法の条文を見比べた時、どうして前者が是認されるのか、およそ筆者には理解しがたい。それは「教育上の配慮」とか「未成年者」という言葉で言い繕うことでは全く認容され得ないのではないかと思わざるを得ないのである。

制限の強調は教育を受ける権利を侵害する

もう一度、教育基本法（旧法）第8条を取り上げてみたい。

「良識ある公民たるに必要な政治的教養は、教育上これを尊重しなければならない。2　法律に定める学校は、特定の政党を支持し、又はこれに反対するための政治教育その他政治的活動をしてはならない。」

「69通達」は、「学校の不作為説」に立ち、「生徒が政治的活動を行なうことを黙認することは、学校の政治的中立性について規定する教育基本法第8条第2項の趣旨に反することとなるから、これを禁止しなければならないことはいうまでもない」と述べている。

有倉遼吉氏は、8条に関する一般論として、教育の自由に対する立法的制約だけが前面に出てくるきらいがある、と述べた上で、「しかし、それは教育基本法8条の主眼とするところではない。」と断言する。(注4) 有倉氏の見解は重要であるので、加えて展開したい。

「同条の重点は、1項の『良識ある公民たるに必要な政治的教養は、教育上これを尊重しなければならない』との規定にある。良識ある公民たるに必要な政治的教養は、まさに民主政治成否の鍵であるというべく、しかも国民の政治的教養の有無は『根本において教育の力にまつべきものである』(教基法前文参照)から、政治的教養が教育上尊重されるべきことは、いくら強調しても足りないくらいである。これに対して2項は、1項の政治教育尊重を担保するための規定にすぎない。」

「69通達」が、たとえ本文中で〝政治的教養を豊かにするための教育〟と謳い、あたかも教育基本法8条1項を重視するがごとく体裁を試みているとはいえ、実際には8条2項を強調して、1項の目的を阻害してきたことは、およそ論をまたないであろう。戦後の教育基本法の歴史をひもといてみても、教育二法(「義務教育諸学校における教育の政治的中立の確保に関する法律」「教育公務員特例法の一部を改正する法律」)や偏向教育批判など、大体が2項を持ち出して議論がなされている。1項が何か議論された、という事例を筆者は知らない。なぜ、かくもアンバランスな取り扱いを受けるのか。その点も有倉氏は分析を欠かしていない。

「現実には、とかく2項が強調されやすい傾向が見られる。その原因は、1項と2項との関連を正確に把握しないこと、1項違反が政治教育を行なわないという不作為の形をとり、2項違反が政治教育を行なうという作為の形をとるため、後者が注目を引きやすいこと、そのため規制の重点が1項違反よりも2項違反に向けられる傾向にあること、等に求めることができる。」

有倉氏は、このような現状認識の下、しかし、と述べ、8条解釈について改めて注意を喚起している。「政治教育を尊重することが眼目であり、これを達成するための必要最小限の例外として偏向教育が禁止されるのであるから、8条2項は厳格に解釈しなければならない。」

8条の精神をゆがめる教育二法

堀尾輝久氏は、著書の中で、政治教育に関して、教育二法を例示して、「8条の精神をひとつの方向へゆがめていく」と批判する。(注5)

まず、1項の解説として、「ここでいう公民とは、国民主権の原則のもとで、参政権を持ち、政治に積極的に参加する国民という意味であり、そのための教養は参政権を持つ以前から十分に用意されていなければなりません」と述べる。

そして教育二法につき、「このような制約によって、教育において重視されるべき政治的教養のための教育も規制を受けるとすれば、いよいよ大きな問題」とし、教育二法によって「解釈にひとつの大きな方向づけが与えられ」、「8条の精神をひとつの方向へゆがめていく」と批判するのである。

高校生の政治活動に触れたものではないが、堀尾氏の指摘も、2項の歪曲によって、1項の精神が損なわれることに対する非難・懸念という点で共通するであろう。

「生きた政治学習の機会」として

さて、高校生の政治活動に直接に触れたものとして、『教育判例百選（第2版）』における金子照基氏の指摘が重要だ。(注6)
金子氏は、駒場東邦高校退学処分事件や新潟県立高校退学処分事件もふまえ、大阪阪南高校卒業式刑事事件を取り上げている。「本判決では、高校生の政治活動の自由は保障されるべきであるとの基本的立場がとられ、文部省見解（「69通達」のこと、筆者注）や同旨の判例にむしろ批判的であった教育法学会の多数説を採用し、高校生の政治活動の自由を基本的には認める理論構成を示していることが、とくに注目される」とし、以下のように指摘する。
「高校生は未成年であるが故にも、政治的表現の自由が全面的に認められるのではないにしても、義務教育を修了した独立の社会人としての側面を有するのである。その点に着目して、高校生にも憲法に保障する基本的人権を認め、それを尊重することが、高校生の政治活動のあり方についての考察の原点に、明確に位置づけられていく必要があるのではないであろうか。」

続けて金子氏は教基法8条をふまえた、高校生の政治活動の教育的意義について、教育法学界の立場を紹介している。

「文部省見解に明確に示されているように、高校生の政治活動への参加は、未成熟者であるが故に、政治問題にまきこまれ、学業を疎かにし、校内の教育秩序を乱すなどの可能性が一部にあることを重視して、政治活動そのものを規制することが、学校の教育的配慮になるといえるのかという疑問が教育法学界には強い。そして学界の多数説はむしろ、高校生の政治活動を『生きた政治学習の機会』として積極的に教育的に受けとめ、高度の専門的な『政治活動生活指導』のできる教育体制のもとでの、慎重な教育的配慮こそ、現代公教育には要請されていると解している。」

注1：『詳説　日本史史料集再訂版』（笹山晴生・五味文彦・吉田伸之・鳥海靖編、山川出版社、２０１３年）２５９頁

注2：同『詳説　日本史史料集再訂版』２６３頁

注3：同『詳説　日本史史料集再訂版』２９６頁

注4：『教育法学』（有倉遼吉編、学陽書房、２０００年）有倉遼吉「日本国憲法と教育法」22頁以下。

注5：『いま、教育基本法を読む』（堀尾輝久、岩波書店、２００２年）１６８頁以下。

注6：『別冊ジュリスト64　教育判例百選（第2版）』（小林直樹・兼子仁編、有斐閣、１９７９年）40頁以下、金子照基「高校生の政治活動の自由とその制約」。

3、子どもの権利条約批准で問題となった「69通達」

批准前に議論された「69通達」の取り扱い

1989年11月20日、国連総会は子どもの権利条約を満場一致で採択し、日本でも政府の批准を受けて1994年5月22日に発効するに至った。

そして、この一連の手続きの中で「69通達」が、条約の定める表現・情報の自由（第13条）、思想・良心・宗教の自由（第14条）、結社・集会の自由（第15条）、プライバシー・通信・名誉の保護（第16条）との関係で問題となった。

文部省（当時、以下同）が子どもの権利条約国内発効に先立つ1994年5月20日に出した『児童の権利に関する条約』について」が、日本国憲法・教育基本法・国際人権規約等と軌を一にするから「本条約の発効により教育関係について特に法令等の改正の必要はない」としていることについては、関係者から批判・疑問の声が多数聞かれる。この「5・20通知」は「教育に関する主な留意事項」8項目のうち一つで以下のように述べている（注1）。

「四、本条約第12条から第16条までの規定において、意見を表明する権利、表現の自由についての権利等の権利について定められているが、もとより学校においては、その教育目的を達成するために必要な合理的範囲内で児童生徒等に対し、指導や指示を行い、また校則を定めることができるものであること。校則は、児童生徒等が健全な学校生活を営みよりよく成長発達していくための一定のきまりであり、これは学校の責任と判断において決定されるべきものであること。」（以下、略）

この考え方は条約の批准にあたって政府が貫いてきた姿勢であるが、特に「69通達」については早くも1991年9月20日の都道府県・政令指定都市教育委員長・教育長会議において、坂元弘直文部省初等中等教育局長が次のように発言している。（注2）

「批准すると、生徒の政治活動や政治団体、組織結成を指導している文部省通知（1969年）が反故になるという見方があるが、こうした基本的人権は憲法でも規定している。公務員の身分により政治活動が規制されているのと同様、教育的な見地からの規制は許されると思う。人権に十分配慮することは当然だが、批准により生徒の取り扱いが変わることはないと思う。」

国会では通達の「見直し」も求められている

そして条約批准について国会で質疑が行われるようになると、当然国会内でも議論がなされるようになる。まず、1992年3月10日、参議院文教委員会で日本社会党の森暢子議員は次のように文部省を質している。

○森暢子議員：特に違法なもの、暴力的なものを禁止すること、そのような活動になるおそれがある政治活動についても制限、禁止することが必要であるなど、その禁止の範囲が広範で漠然としているわけです。（略）12条、13条、14条、15条の趣旨からも、一律禁止ととれるこの通知ですね、（略）見直してはいかがでしょうか。

○坂元弘直文部省初等中等教育局長：44年の通知は、高等学校におきます生徒の政治的教養を豊かにする教育の一層の充実を図るとともに、政治的活動についての適切な指導を行うための文部省の見解を示したものでございます。（略）現行の我が国の憲法でも（略）同じ権利は保障されているわけでございますけれども、心身ともに未発達の児童生徒を教育するというそういう観点から（略）適切な指導ではないかというふうに現在でも考えているところでございます。

○森議員：「最近、一部の高等学校生徒の間に違法または暴力的な政治的活動に参加したり、授業妨害や学校封鎖などを行ったりする事例が発生しているのは遺憾なことであります。」というふうな文章があるわけです。（略）もしこういう高校生の政治活動についての文部省の意見があるのなら、やっぱり見直して文章をやり直すというふうなことがあってもいいんではないかと思います。

○坂元局長：前文で書いてある（略）部分は44年のそのときの背景を書いてあるわけですので、かなり今とは違うということは間違いないわけでありますが、その本文に書いてある部分については（略）今でも通用する考え方ではないかというふうに考えてはおります。

審議を通じて森議員は、１９６９年当時とは既に時代背景が変化しており「69通達」の内容が時代に即さないこと、政治に対する高校生ら若者の関心が低下していること、「69通達」が禁止する政治的活動の内容が曖昧であることなどを指摘している。他方、政府の答弁は基本的には「69通達」の考え方や、あるいは１９９４年の「５・20通知」（文部省「『児童の権利に関する条約』について」）に見られるような条約批准にあたって国内法令改正の必要は無く、また合理的な権利の制限は認められるという立場を踏襲している。

１９９３年４月22日衆議院本会議での趣旨説明ならびに各党からの代表質問で、今度は日本共産党の菅野悦子議員が「69通達」の問題を取り上げている。「意見表明権を保障する上で、まず、高校生の自主的活動を制限、禁止している『生徒指導の手引き』や、１９６９年の『高等学校生徒に対する指導体制の確立について』、『高等学校における政治的教養と政治的活動について』などの各種通達を撤回すべきではありませんか。」と問うたものである。しかしこれに対し、政府の側からは森山眞弓文部大臣が、「児童の意見を年齢等に応じ相応に考慮することを求めるものでありまして、児童の意見を無制限に認めるものではないと考えます。」とまとめて述べるに留まっており、「69通達」に限定しての答弁はなされていない。

１９９３年５月12日衆議院外務委員会では日本共産党古堅実吉議員が第15条との関係で「１９６９年、昭和44年の文部省初中局長通知でいわゆる子どもの政治活動を全面禁止しています。（略）これがいかにばか《ママ》げた結果をもたらしているか」として、子どもの権利条約を語る三校交流会を計画した埼玉県の三つの高校の生徒が、69通達に基づく立場から他校生徒の交流に学校を使用することはよくないとの理由で使用を拒否された事例について文部省の見解を尋ねた。これは、複数の高校の生徒が場を同じくして活動することを否定的に捉えた、俗に言われる「三校禁」というものの典型例である。

この質問に富岡賢治文部省初等中等教育局高等学校課長は、「学校におきましては、教育目標の達成のために必要な、合理的な範囲内であればこれらの権利に制約を加えて指導を行い得るものとされているわけでございます。（略）昭和44年の通知におきましては、（略）学校におきます政治的活動について制限を行うこと等に（略）一定の制限を課すことは当然のことだというふうに承知しております。」と答えている。

これに対し古堅議員は「子どもたちが、自分たちが直接適用される子どもの権利条約について語り合おうということで、三つの学校の図書委員の皆さんが集まろうとした。ところが、それはいけないということであの通知を基礎にされて、それが学校使用の面で拒否されたという事例、授業中とかなんだとか、そういう問題とは違うのです。そういうこともあの通知とこの条約との関連においてそうあるべきだ、やめさせられたのは当然だということを言おうとしておるのですか。」と詰め寄ったが、富岡課長は「学校が主体的な責任を持って判断していただくことだというふうに思います。」との一般論を述べるに終始した。

結局、子どもの権利条約批准に関わる国会審議の中で文部省が「69通達」に対する考え方を改めることはなく、１９９４年３月29日の条約批准国会承認を経て、条約発効前々日に出された、先に紹介した文部省の「５・20通知」に帰結することになるのである。

注１：「子どもの権利条約と学校参加　教育基本法制の立法思想に照らして」（勝野尚行著、法律文化社刊、１９９６年）３１２〜３１３頁。

注２：子どもの人権連機関紙「いんふぉめーしょん、子どもの人権連」第１号（１９９１年12月）。同「子どもの権利条約と学校参加　教育基本法制の立法思想に照らして」１１９頁。

注３：同「子どもの権利条約と学校参加　教育基本法制の立法思想に照らして」１６５〜１７０頁

4、条約実施状況に関する初回審査で既に問題視されていた

政府は国連に何を報告したのか

子どもの権利条約批准承認の国会審議について「69通達」が問題となったのは、第1回目の、条約第44条に基づく政府報告審査であろう。

この条項に基づいて政府は国連子どもの権利委員会に対して国内における条約実施状況に関する報告書を提出し、国連子どもの権利委員会はそれを受けて審査を行い、最終所見を公表するの

である。初回報告について、日本政府は1996年5月に306項目に及ぶ報告書[注1]を提出している。第1回政府報告書から「69通達」に関係する項目をいくつか挙げてみよう。

C　表現の自由（第13条）

83　我が国においては、児童も含めすべての国民に対し、憲法第21条により表現の自由が保障されており、民主主義の維持に不可欠のものとして最大限尊重されている。他方、表現の自由は、内心の自由とは異なり本質的に社会性を帯びていることから、例えば公然わいせつ、わいせつ物頒布等の禁止（刑法第174条、第175条）、他人の名誉の毀損、侮辱、信用の毀損の禁止（刑法第230条、第231条、第233条）、騒乱の禁止（刑法第106条）等「公共の福祉」を理由として一定の制限が課されているが、これらの制限は、いずれもこの条約第13条2の規定に合致する必要最小限のものである。

84　学校においては、児童生徒が心身の発達過程にあること、学校が集団生活の場であること等から校則が必要である。校則は、日々の教育指導に関わるものであり、児童生徒等の実態、保護者の考え方、地域の実情、社会の変化、時代の進展等を踏まえ、より適切なものとなるよう絶えず見直しを行うことについて、教育関係機関に通知したところである。

F　集会、結社の自由（第15条）

101　児童を含めすべての国民に対し、憲法第21条において、集会及び結社の自由が保障されている。他方、これらの権利は、表現の自由と同様、「公共の福祉」を理由として一定の制限を受けるが、これらの制限は、この条約第15条2の規定に合致する最低限度のものである。

このように述べて、第1回政府報告書は「公共の福祉」を名目に規制を正当化しようとしているが、パラグラフ84における弁解が、教育的配慮による市民的自由の規制を全く正当化できていないことは注目すべきである。というのも、条約は子どもの権利行使に対する第1次的責務を親に委ね（第5条）、国家の子どもに対する干渉を著しく排除しているからである。つまり国家との関係において子どもは市民的自由権の独立行使主体たり得、条約は、子どもが未熟であるがゆえに当然人権を制約されるとする子ども観を真っ向から否定しているのである。

日弁連報告書は告発する

ところで、国連子どもの権利委員会による条約実施状況についての報告審査には、政府だけでなくＮＧＯも積極的に関与する。具体的には、政府に代わるオルタナティブレポートを委員会に提出するのである。

まず、日本弁護士連合会（以下、日弁連）の報告書[注2]から見てみよう。日弁連は第1回報告書の中で次のように提言する。

1　高校生の政治活動を禁止した政府通達を廃棄すべきである。

2　集会・結社に関し、一般的に学校の許可を要求するような校則をなくすべきである。

そして、この2点の提言について3項目に分けて説明しているのである。

181　集会・結社の自由については、思想・良心の自由や表現についての自由以上に規制を当然と考え、子どもの自由に任せられないとする傾向が強い。

182　文部省は、1969年10月、「心身ともに発達の過程にある生徒が政治的活動を行うことは十分な判断力を持たない時点で特定の政治的立場の影響を受けることになり将来広い視野に立って判断することが困難になる」として高校生の政治的活動を禁止する通達を出している。

183　前記1985年の日本弁護士連合会の調査では、「学校内外での集会・行事・旅行・遠足等を行うこと、団体を組織すること、及びこれに参加することは、すべて事前に関係教師及び教頭を経て学校長の許可を要する」、「個人と集団とを問わず、政治団体及びこれに類する組織への加入、政治活動及びこれに類する行動は禁止する」等とした校則を設けた学校があった。子どもに対する集会・結社の自由についての、おとなの側の一般的な認識を表すものといえる。さらに丸刈り校則反対のシンポジウムへの参加を禁止した公立中学校の事例も報告されている。

再三にわたって取り上げた「つくる会報告書」

次に、「子どもの権利条約　市民・NGO報告書をつくる会」（以下、「つくる会」）の統一報告書も、「69通達」について再三にわたって問題として指摘している。（注3）

「校則により学外団体への加入や他校との交流が禁止されたり、集会やデモへの参加が禁止されたり、許可制による規制を受けることも一般的である。条約15条に保障される集会・結社の自由は、日本の学校では大幅に制約されており、市民として政治的な成長の機会を奪われている。

子どもたちの生活にも重大な影響を及ぼす消費税の税率を問う投票を『政治活動だから』とやめさせる〔『基礎報告書』29〕ことは、政治教育の尊重を定める教育基本法第8条に反するばかりでなく、条約12条および13条にも反するといえる。子どもたちも消費者であり、主権者である。こうした過剰ともいえる政治的活動への学校側の拒否的反応は、『高等学校における政治的教養と政治的活動について』（1969年10月31日）と題する文部省通達に基づいている。（略）この通達をはじめとした条約の趣旨に反する文部省通達、指導書類は撤回されるべきである。

校則で生徒の表現活動である掲示物や印刷物の作成配布、校内放送活動の禁止や許可制が規定され、教育指導という名目で、条約13条に反する表現内容の検閲が行われている例は多い。生徒の自治活動の一環である生徒新聞や生徒会誌に対する検閲も慣行となっている学校が多く、紛争も発生している〔『基礎報告書』8〕。生徒の表現活動の自由のための必要最低限度の交通整理的規定に限定されるべきである。」

NGOレポート連絡会議も是正を求めている

以上、日弁連と「つくる会」報告書について見てきた訳であるが、日本からはもう一つの団体が国連子どもの権利委員会に対してレポートを提出している。「NGOレポート連絡会議」がそれで、子どもの人権連（子どもの人権保障を進める各界連絡協議会）などから構成されている。このNGOレポート連絡会議も「69通達」撤回を求めるレポートを提出している。(注4)

「学校には、子どもの表現・情報の自由、結社・集会の自由を侵害する校則や慣行が存在している。生徒新聞の検閲、校則によるビラまき等の規制、文化祭の発表等への過度の干渉等である。また、文部省通達『高校における政治的教養と政治的活動について』（1969年）は、高校生の政治活動を否定する内容となっている『政府報告書83〜84、101』。

（4）文部省通達の問題点

文部省通達『高校における政治的教養と政治的活動について』（1969年10月31日）は、高校生の政治活動を否定する内容であり、13条・15条の趣旨に反する疑いがある。早急に改めるべきである。

各学校に対し、子どもの表現・情報の自由、結社・集会の自由を侵害する校則を改正し、また、慣行を改めるよう指導助言すべきである。また、高校生の政治活動を否定する文部省通達……は条約13条および15条の趣旨に反するので、直ちに廃止すべきである。」

国連委員の問う「69通達」

このように、国連にレポートを提出した3団体がそろって「69通達」の問題を取り上げたことは国連にそれなりにインパクトを与えたのだろうか。というのも、本審査に先立って行われた予備審査において、その内容は非公開とされているものの、その場で出された質問として山梨学院大学法学部福田雅章教授が示した13項目のうち一つに、「子どもの市民的自由、とくに体罰、プライバシー、表現・結社・政治活動の自由について聞きたい」という項目が含まれているのである（注5）。

日本の条約実施状況に関する本審査が行われたのは1998年5月27日及び28日である。5月27日午後発言の機会を与えられたスウェーデンの心理学者であるリスマッド・パルメ委員は、婚外子・婚姻年齢・児童労働について問い、続けて競争的な教育制度が子どもにストレスを与え、こうした状況がいじめや自殺、不登校の問題と関連していると述べている。そしてこのように言うのである（注6）。

「以上のような状態を解決するための回答は、若い人々との関わり合いということ、そして、生徒自治会を組織し、文化活動のための団体、スポーツ活動のための団体、政治団体などさまざまな団体を組織する若い人たちの能力、自分たちの考えに挑戦し、学校委員会に疑問を提示し、親と関わり合いを持つことについて有益になるように、おとな社会と関わりを持つ若い人たちの能力と関係していることを指摘したいと思います。」

そして追加質問で、パルメ委員は質問の趣旨をもう一度確認している。

「議長ありがとうございます。子どもおよび青年の、学校において、集会を開く権利および団体を組織する権利について私の方から質問させていただきました。これらは、社会におけるさらなる活動と責任のための前提条件であるがゆえにとても大切であると思います。」

この質問に対し、文部省は、次のような説明に終始する。

「基本的に、もちろん児童・生徒につきまして、集会・結社の自由が認められております。ただ、学校の場における集会・結社という観点につきましては、学校が教育を行なう場であるという観点から、その目的にそぐわないような事につきましてまで認める事はできない。それがその参加しない他の子どもたちに対する利益の保障になるということを考えております。例えば、まだ政治的な素養を育成している過程の子どもたちを巻き込んだ政治的な活動が学校の場で行なわれるということにつきましては、子どもたちの育成上好ましくないという観点から、それにつきましては、認めておりません。」

28日午前、再度パルメ委員は「69通達」につながる問題を取り上げている。

「昨日、政治活動のための組織などの団体を組織する子どもの権利を取り上げさせていただきました。学校に行っている子どもたちのさまざまな団体を組織する権利に再び焦点を当てたいと思います。発達の時期にある子どもは、学校制度において競争をしなければならないと見なされるべきでも、おとなしくしているべきだと見なされるべきでもありません。」

こうしたパルメ委員の主張は、完全に、条約の採用する「権利論的な成長発達観」に基づいている。特に、日本において18歳選挙権との関係から「69通達」撤回を求める声が上がっていることは、パルメ委員の「社会におけるさらなる活動と責任のための前提条件である」として子どもの市民的自由の保障を求める姿勢と完全に共通している。日本国憲法が定める一般的な市民的自由と子どもの権利条約との質の違いは、まさに「子ども」を「成長し、発達する主体」であるとして特別に捉え、その具体的手段の一つとして市民的自由を考えていくことにあると言えるのである。

それに対して、文部省や「69通達」の考え方は、子どもを実社会から切り離すことによって「成長」させようというもので、やはり条約とは正反対の態度なのである。この28日午前のパルメ委員の再質問に対する答えも、内容が詳しくなってはいるが本質的には何ら変わっていない。

第一回最終所見から読み解く

１９９８年6月5日に採択された国連子どもの権利委員会最終所見には、次の項目が盛り込まれた。(注7)

「およそすべての子どもが、社会のあらゆる領域において、とりわけ学校制度の中において、その参加の権利（12条）を行使する際に直面している困難に、特別の懸念を表明する。」

この最終所見が直接に意図しているのは子どもの権利条約第12条の意見表明権であって、第13条から第15条まで等の市民的自由では無い、という読み方もできる。特に、「とりわけ学校制度の中において」中心的に懸念されているのは、まさに意見表明権の問題であろう。だが注目すべきは、このパラグラフの文中に「社会のあらゆる領域において」とあること、また意見表明権をこの文中で「参加の権利」として捉えていることである。これは、いくら所見の文中にわざわざ「12条」と書かれているからといって、現実的な読み方としては、意見表明権を定めた第12条のみにとどまるものではなく、意見表明権を基本としながら成長発達し、社会参加していくにあたって市民的自由権行使の問題が同時に発現していると読むのが適当であろう。つまり、「69通達」に関して言えば、「社会のあらゆる領域」において、高校生の政治活動禁止により市民的自由の侵害が起きているという国連の認識がこの時点で得られていると読むべきなのである。

これは単に筆者の推測ではない。１９９８年12月6日、東京都内において行われた講演会の場でなされた、ジュディス・カープ国連子どもの権利委員の発言がそれを裏付けている。(注8)

「社会のあらゆる場面で『参加する権利』を行使することが困難に直面しているとした所見と勧告にも注目すべきです。子どもが学校運営に参加していないことや、子どもが成熟していないことを理由に学校外での政治活動が禁止されていることなども問題点として見なされたのです。」

注1：「児童の権利に関する条約第1回報告（日本語仮訳）平成8年5月」である。正文は英語版。（日本語版は http://www.mofa.go.jp/mofaj/gaiko/jido/9605/index.html）。

注2：「子どもの権利条約の日本における実施状況に関する報告書（子どもの権利条約に基づく第1回日本政府報告に関する日本弁護士連合会の報告書）」（日本弁護士連合会、1997年）。http://www.nichibenren.or.jp/activity/international/library/human_rights/child_report-1st_jfba.html

注3：「〝豊かな国〟日本社会における子ども期の喪失」（子どもの権利条約　市民・NGO報告書をつくる会編、花伝社刊、1997年）という書籍で刊行されている。なお、同会では市民・NGOから独自に基礎報告書を集め、それらをもとに統一報告書をまとめている。

注4：「子どもの権利条約　日本の課題95」（子どもの人権連・反差別国際運動日本委員会著、労働教育センター刊、1998年）という書籍で刊行されている。

注5：「国連『子どもの権利委員会』からの『勧告』を読み解く（一）」（福田雅章著、一橋大学研究年報「法学研究」32号）。

注6：「子どもの権利条約　市民・NGO報告書をつくる会」が作成した議事録による。

注7：最終所見訳文は、「改訂ポケット版子どもの権利ノート」（子どもの権利・教育・文化全国センター編、2002年）所収、福田雅章・世取山洋介・林量俶訳による。

注8：「子ども期の回復」（DCI日本支部編、花伝社刊、1999年）に所収された講演録による。

5、国連委員会が是正勧告を明示した第2回報告審査

破防法まで飛び出した第2回政府報告書

条約第44条に基づく第2回政府報告書(注1)は2001年11月に国連子どもの権利委員会に提出された。まず、そのうち「69通達」に関係するところを引用しよう。

(団体の創設、団体への加盟)

82 我が国では、民法により、満20歳をもって、単独で法律行為を行うことができることとなっている。したがって、20歳未満の者が法定代理人の同意を得ずに団体の創設又は団体への加盟に係る法律行為をした場合、当該行為は一応有効であるが、法定代理人は、当該行為を取り消すことができる。

(表現の自由の権利の確保)

142 第1回政府報告パラグラフ83参照。

【我が国においては、児童も含めすべての国民に対し、憲法第21条により表現の自由が保障されており、民主主義の維持に不可欠のものとして最大限尊重されている。他方、表現の自由は、内心の自由とは異なり本質的に社会性を帯びていることから、例えば公然わいせつ、わいせつ物頒布等の禁止（刑法第174条、第175条）、他人の名誉の毀損、侮辱、信用の毀損の禁止（刑

法第230条、第231条、第233条)、騒乱の禁止（刑法第106条）等「公共の福祉」を理由として一定の制限が課されているが、これらの制限は、いずれもこの条約第13条2の規定に合致する必要最小限のものである。】

（校則）

143　校則については、児童生徒の実態、保護者の考え方等を踏まえて絶えず見直しを行い、教育的に見て適切なものとすることが大切であり、文部科学省としてもこのような観点に立ち、教育委員会等に対し指導してきたところである。

（第15条の2に適合する当該権利行使の制限）

146　破壊活動防止法においては、内乱、外患、政治目的の殺人等の暴力主義的破壊活動を行った団体については、一定の要件の下に団体活動の制限処分又は解散指定の処分を課されることと規定されているが、これは児童の権利条約第15条2の「法律で定める制限であって国の安全若しくは公共の安全、公の秩序……又は他の者の権利及び自由の保護のため民主的社会において必要な……もの」にあたる。

政府報告を日弁連は弾劾する！

第1回報告書では憲法において市民的自由が子どもを含む全ての国民に認められていると強弁

していたにも関わらず、第2回報告書において政府は破壊活動防止法まで持ち出して子どもの結社・集会の自由に対する制約を開き直ろうとしているのは一体何故であろうか。この政府報告書に対して日弁連のレポート（注2）は見事なまでの批判を加えている。

142 1 政府第2回報告書は、破壊活動防止法による自由制限について言及するのみであり、報告の体をなしていない。明らかに、この問題に正対したくないという姿勢が見とれる。必要なのは、子ども達に結社及び平和的集会の自由が保障されているかどうかについてその実態を調査し、保障に不十分な点があれば改善のプログラムを示すことにある。政府報告が、この問題に正面から答えない理由は、集会・結社の自由については、思想・良心の自由や表現の自由以上に規制を当然と考え、子どもの自由に任せられないとする傾向が強いからである。例えば、文部省は、1969年10月、「心身ともに発達の過程にある生徒が政治的活動を行うことは十分な判断力を持たない時点で特定の政治的立場の影響をうけることとなり、将来広い視野に立って判断することが困難になる」として高校生の政治活動を一般的に禁止する通達を出し、これが現在に至るもそのまま生きているのである。

143 2 1997年日本弁護士連合会報告書では、「学校内外での集会・行事・旅行・遠足等を行うこと、団体を組織すること、及びこれに参加することはすべて事前に関係教師及び教頭を経て学校長の許可を要する」「個人と集団を問わず、政治団体及びこれに類する組織への加入、政治活動及びこれに類する行動は禁止する」等校則をもうけた学校の事例や丸刈校則反対のシンポジウムへの参加を禁止した公立中学校の事例について問題事例として指摘した。政府が、集会・結社の自由を子ども達に保障することに意をはらうならば、当然のこととして、その権利の現状について言及すべきである。しかし、そうしない政府の姿勢こそがこの権利に関する我が国の問題状況である。

国連に届いた「子どもの声」

２００４年1月27日、筆者は「子どもの声を国連に届ける会」（以下、「届ける会」）の８人の代表団の一人として、スイス・ジュネーブの国連子どもの権利委員会の場にいた。「届ける会」は、子どもたち自身の手によって日本の子どもの現状を伝えようと、「第２回つくる会」活動の一環として取り組まれてきたのである。同日午前行われた1時間弱の非公式会合において、筆者は「69通達」の問題について以下のように述べた。

「１９６９年、文部省は高校生の政治活動を禁じる通知を出しました。それ以来35年間、私達が政治的なデモや集会、署名運動に参加することは禁じられています。この35年前の通知は今もなお校内で生きています。場所により状況が異なるとは言え、否定的な動きは近年においても共通しています。例えば、生徒は校内で政治的な配布物を配ることが認められません。生徒が貼ったポスターは剥がされます。生徒会宛の手紙は止められ、彼らの元に届きません。一部の政治家は、生徒に校舎の壁にポスターを貼ることを許した学校を批判します。こうした学校の在り方が、多くの生徒を、政治についての意見や学校への不満を言えなくしています。一人一人は正直な意見を言いたくても、実際そうした時に周りの友達と距離ができてしまうことを恐れてしまうのです。私達が独自に考えたり行動することが認められない中で、どうやって将来選挙で代表者を選ぶことができるでしょうか。なぜ私達が校内でプリントやポスターといった適切な形で政治についての考えを訴えることが禁じられなければならないのでしょうか。私達はこうした活動を通して他の人の考えを知り、政治問題に近づくことができるのです。私達は自分の関心事や政治についての考えを声に出したい。私達は要求します。私達の活動を禁じた通知が今すぐに撤回されることを。」

最終所見は「69通達」の見直しを勧告した

２００４年1月28日の政府代表団との質疑応答を経て、国連子どもの権利委員会は、1月30日、最終所見を採択した。この最終所見は、「69通達」について極めて具体的に言及している。(注3)

29　本委員会は、学校に通う子ども（school children）による学校内外における政治的活動に加えられている制限を懸念する。本委員会は、また18歳未満の子どもが組織に加入する場合に親の同意が求められることを懸念する。

30　本委員会は、締約国が、本条約第13条、第14条および第15条の全面的な実施の確保を目的として、学校に通う子どもの学校内外における活動を規制する法律および規則、ならびに、組織に加入するに当たって親の同意を求めていることを見直すことを勧告する。

前項で述べたように、１９９８年の前回審査の際にも「69通達」の問題は議論となり、同様の趣旨を含む最終所見が示されていたが、今回はまさにこの問題が明示され、「69通達」撤回が勧告された訳である。「69通達」が出されてから46年（２０１５年）、子どもの権利条約という新しい人類の価値基準がこの通達を否定したという事実を政府は厳粛に受け止めるべきである。

国連審査直後に「高校生の活動」を侮辱した首相発言

ところで、この最終所見が採択されたわずか3日後の２００４年2月2日、日本の国内においては、まさにこの問題を象徴するような事件が起きる。以下に、「首相『イラクの事情、生徒に教育を』」と題し、「自衛隊の撤退求める高校生署名巡り語る」と副題を付けた翌朝の朝日新聞から全文を引用する。

「小泉首相は2日夜、平和的な手段によるイラクの復興支援と自衛隊の撤退などを求める小泉首相あての請願書を高校生が内閣府に提出したことに関連して、首相官邸で記者団に『自衛隊は平和的に貢献するんですよ。学校の先生もよく生徒さんに話さないとね。いい勉強になると思いますよ』などと語った。

請願書を提出したのは宮崎県内の高校3年生、今村歩さん（18）。昨年12月から一人で署名活動を始め、ファクスやメールを通じて輪が広がった。5358人分の署名付きの請願書は、首相に自衛隊や各国軍隊の撤退を呼びかけるよう求め、『首相として勇気ある行動を』と訴えている。首相は『読んでいない』とことわったうえで『この世の中、善意の人間だけで成り立っているわけじゃない。なぜ警察官が必要か、なぜ軍隊が必要か。イラクの事情を説明して、国際政治、複雑だなぁという点を、先生がもっと生徒に教えるべきですね』と述べた。」

小泉純一郎内閣総理大臣のこの発言に続いて、河村建夫文部科学大臣も2月3日の記者会見で「自衛隊が何の目的で行くのかを高校生なりにきちっと理解してもらう必要がある。（派遣の）法的な根拠もあり、きちっと教えてもらいたい」（朝日新聞2004年2月3日付夕刊）などと述べ、いずれも高校生の思いをふみにじると共に、教育基本法第10条（教育行政）が禁じた教育への不当介入であるとして教職員組合などから多くの非難の声が上がった。（注4）

特に、3日に出された日本高等学校教職員組合（日高教）教文部長工藤毅氏の談話は国連子どもの権利委員会の第2回報告審査最終所見に触れて「そこでは、子どもの意見表明や学校内外での政治活動への規制などに対する『懸念』が表明されています。小泉首相の態度は、この『懸念』どおりの事態で、国際的常識からかけ離れた恥ずべきものと言わなければなりません。」と述べている。

注1：「児童の権利に関する条約第2回政府報告（日本語仮訳）平成13年11月」。(http://www.mofa.go.jp/mofaj/gaiko/jido/0111/index.html)。

注2：「子どもの権利条約に基づく第2回日本政府報告に関する日本弁護士連合会の報告書」（日本弁護士連合会、２００３年5月。http://www.nichibenren.or.jp/library/ja/kokusai/humanrights_library/treaty/data/child_report_2_ja.pdf)。

注3：「子どもの権利モニター」（ＤＣＩ日本支部編）64・65合併号所収の福田雅章・林量俶・世取山洋介仮訳による。

注4：２００４年2月3日、全日本教職員組合（全教）教文局長が小泉首相に、日本高等学校教職員組合（日高教）教文部長が首相・文科相双方についての談話、翌4日、日本教職員組合中央執行委員長が首相・文科相双方に抗議声明を出した。また、5日には全教・日高教・全国私立学校教職員組合連合（全国私教連）の三者が共同で中央執行委員長名の「学校教育への政治介入発言の撤回を求める申し入れ書」を文科相宛てに提出している。

6、第3回報告審査も行われたが

開き直った日本政府

政府は2008年4月、国連子どもの権利委員会に第3回目となる報告書を提出した（注1）。「69通達」や校則などの規制に関し、目新しさはないものの、完全に開き直っていることが分かる。

（表現の自由の権利の確保）

223　第2回政府報告パラグラフ142（＝第1回政府報告パラグラフ83）参照。

【我が国においては、児童も含めすべての国民に対し、憲法第21条により表現の自由が保障されており、民主主義の維持に不可欠のものとして最大限尊重されている。他方、表現の自由は、内心の自由とは異なり本質的に社会性を帯びていることから、例えば公然わいせつ、わいせつ物頒布等の禁止（刑法第174条、第175条）、他人の名誉の毀損、侮辱、信用の毀損の禁止（刑法第230条、第231条、第233条）、騒乱の禁止（刑法第106条）等「公共の福祉」を理由として一定の制限が課されているが、これらの制限は、いずれもこの条約第13条2の規定に合致する必要最小限のものである。】

（校則）

224　第2回政府報告パラグラフ143参照。
【校則については、児童生徒の実態、保護者の考え方等を踏まえて絶えず見直しを行い、教育的に見て適切なものとすることが大切であり、文部科学省としてもこのような観点に立ち、教育委員会等に対し指導してきたところである。】

（条約第15条2に適合する当該権利行使の制限）
228　第2回政府報告パラグラフ146参照。
【破壊活動防止法において（略）規定されているが、これは児童の権利条約第15条2の「法律で定める制限であって国の安全若しくは公共の安全、公の秩序、……又は他の者の権利及び自由の保護のため民主的社会において必要な……もの」にあたる。】

（表現及び集会・結社の自由）
229　我が国においては、児童生徒の表現の自由や集会・結社の自由については、既に日本国憲法下において保障されている。なお、学校においては、教育目的達成のために必要な合理的範囲内であれば、児童生徒に対して指導を行いうるものである。

またも重ねて出てきた破壊活動防止法。日本では、この国では、結社の自由について語ろうとすると破防法がまず出てくるのであろうか？　およそその姿勢を疑問視せざるを得ない。

そして校則の見直しである。意見表明権の対象でない、とする政府・文部科学省の考え方がまず問題であるが、そもそも政府報告が言うように、絶えず見直し……が行われているのだろうか。もちろん事例がない訳ではないであろうが、そうした政府の言い分が本当であるならば、もっともっと校則の見直し事例が民間NGOから報告されているはずだ。

さて、第3回政府報告は、全体を通じ、「69通達」見直しを具体的に勧告した第2回最終所見を無視している訳であるが、あえて言えばパラグラフ229の言い分が、この間の政府の立場を明らかにしていると言ってよい。一方で、基本的人権は日本国憲法の規定でもって、高校生（子ども、政府訳では児童）にも人権が保障されているという。しかしながら他方では、「学校においては、教育目的達成のために必要な合理的範囲内であれば、児童生徒に対して指導を行いうる」として、教育的配慮を持ち出して、基本的人権の保障を投げ捨ててしまうのだ。そういうものを教育的配慮と言えるのであろうか？　それが基本的人権と呼べるのであろうか？　大いに疑問を感じずにはおれない。

国連に応えていないと指摘する日弁連

日弁連の報告書を見ておきたい。15条（結社及び平和的集会の自由）に関連し、「政府は、子ども達自身による結社及び平和的集会が活発になるような積極的施策を講じるべきである。」として、以下のように指摘しているのである。（注2）

106　政府報告は、結社・平和的集会の自由が憲法において保障されていると指摘しつつ、「教育目標達成のため必要な合理的範囲内」では児童生徒に「指導」を行いうるとする。

この点については、第2回日本政府報告に対するCRC（国連子どもの権利委員会のこと、筆者注）総括所見が、学生、生徒のキャンパス内外で行う活動に対して規制する法律・規則、組織に参加するのに親の同意を要する点を見直すよう勧告していたが、第3回の政府報告は従来と同じ一般的な理念の表明にすぎず、総括所見に応えたものになっていない。

107　CRCより指摘された点も含め、実情として、日本の小中高等学校（及び大学）は、1969年10月の文部省による高校生の政治活動を禁止する通達を始めとして、子ども達自身による集団的ないし組織的活動を肯定的に評価してこれを積極的に支援しようとする姿勢に乏しく、この結果子ども達自身のこうした活動は全般的に極めて低調なものとなっている点に大きな問題がある。

具体的言及こそなされなかったが

2010年6月20日、国連は、審査を経て、第3回最終所見を採択する。全体を通じて、個別具体的であった第2回最終所見と比べると総論的であったように感ぜられ、「69通達」に直接言及するような項目はない。しかし、総括的に、以下のように述べられていることは留意しなければ

ばならない。（注3）
7　委員会は、第2回報告の審査に基づき２００４年2月に出された懸念及び勧告のいくつかに対処するためになされた締約国の努力を歓迎する。しかしながら、これらの懸念及び勧告の多くについて、完全には実施されてない、あるいは、全く対処がなされていないことを遺憾に思う。委員会は、本文書において、これらの懸念と勧告を繰り返す
43　委員会は、児童を、権利を有する人間として尊重しない伝統的な価値観により、児童の意見の尊重が著しく制限されていることを引き続き懸念する。

なぜ「69通達」は見直されなかった

国連委は、第3回見解において、「懸念と勧告を繰り返す」と言及し、その伝統的価値観において「児童の意見の尊重が著しく制限されている」と指摘した。本来であれば、具体的に見直し勧告がなされた第2回審査から、3回目の審査の間において「69通達」は見直されるべきであった。見直すだけの時間的猶予も十分にあった。しかし、あえて、政府・文科省は「69通達」を堅持し、国連子どもの権利委員会の所見を無視したのである。

政府にとって、子どもの権利条約とは、そんなにどうでもいいものなのか。それとも、やはり、子どもの権利条約とは、貧困国、発展途上国における子どもの権利を守るもので、日本では

憲法で、条文上人権が守られているから国連のいうことは関係ない、と本気で思い込んでいるのか……。国連は見抜いている。先進国日本において、どれほど子どもたちの権利が奪われ、守られていないかを。「69通達」一つを見直すこともできない日本政府は、およそ人権を語るべきではないのかもしれない。

注1：「児童の権利に関する条約第3回政府報告（日本語仮訳）平成20年4月」。
http://www.mofa.go.jp/mofaj/gaiko/jido/pdfs/0804_kj03.pdf

注2：「子どもの権利条約に基づく第3回日本政府報告及び武力紛争における子ども・子ども売買各選択議定書第1回日本政府報告に関する日本弁護し連合会の報告書」（日本弁護士連合会、２００９年7月17日）。
http://www.nichibenren.or.jp/library/ja/kokusai/humanrights_library/treaty/data/child_report_3_ja.pdf

注3：http://www.mofa.go.jp/mofaj/gaiko/jido/pdfs/1006_kj03_kenkai.pdf

第四章　18歳選挙権と「69通達」

「戦争法案」に反対する高校生の東京・渋谷デモ（2015 年 8 月 2 日）

1、公選法改正案提出まで

18歳選挙権を求める立場から「69通達」を見る

「69通達」の発出は1969年。子どもの権利条約批准が1994年。国連委による報告審査第1回が1998年、第2回が2004年。第3回報告審査が2010年に行われていたが、特に大きな動きを見せることもなく、「69通達」が再び注目を浴びることとなったのが、通達発出から46年が過ぎることとなる2015年である。

ここで、改憲手続き法たる「国民投票法」について若干触れておく必要がある。

総務省HPなどによれば、国民投票法（旧法）は、2007年、衆参両院の可決を経て、同年5月に公布され、一部の先行規定を除いて、3年後の2010年5月18日に施行された。国民投票法は、改憲手続きに係る国民投票の有権者について、第3条で「日本国民で年齢満18年以上の者は、国民投票の投票権を有する。」と規定しており、公職選挙法その他の有権者年齢との整合性について、「検討を加え、必要な法律上の措置を講ずるものとする。」としていたのであった。

いよいよ18歳選挙権についての議論が本格化する訳である。18歳選挙権と「69通達」について、識者はどのように考えてきたか。

例えば、前田英昭氏（元駒澤大学教授）は「選挙・被選挙年齢の引き下げ：若者よ、政治を変えていこう」という２００２年の文章の中で、「高校生の政治活動を禁じた文部省通知の撤廃を含め、若者が政治に参加できる環境をつくり、選挙権・被選挙年齢の引き下げによる成人年齢との一致をめざすべき」と主張している。（注１）また、杉浦正和氏（芝浦工大柏高校教諭）は「高校生の社会認識と政治教育」という文中で「高校紛争を機に日本が高校生の政治参加を抑えた間、他先進国は18才選挙を導入し青年の政治参加を促進した。日本の学校は、先進国で最も政治参加意欲の低い青年を生み出してきた。」と非難している。（注２）

18歳選挙権を求めて活動してきたＮＰＯ法人「Rights」も、２０００年5月30日の設立趣旨書で選挙権行使の基礎となる政治教育充実を求め、「高校生の政治活動を禁じた文部省通知の撤廃を含め、若者が政治に参加できる環境をつくるべき」としている。（注３）

他方、山梨学院大学法学部（当時）の福田雅章氏は、18歳選挙権と「69通達」の関係について「『おかしいと思っても口にしてはいけない』『権威にたてつくと損をする』と、考えることも意見を言うこともできない子どもをつくってきたんですから、今の子どもたちが無気力で自分がなく、政治に無関心なのは当然。69通達がある限り、18歳選挙権など実現しても、まったく無意味です」と述べて「69通達」を極めて厳しく批判している。（注４）

「18歳選挙権法案」については自民党・民主党・公明党・維新の党などの超党派によるプロジェクトチームが組織され、そこでの議論が先行し、法案化へとつながっていく。いよいよもって、「69通達」が再び議論の俎上となる日が来るのである。

超党派プロジェクトチームで取り上げられた「69通達」

プロジェクトチームの議事録などは公開されていないのであるが、報道によれば、2015年4月28日の会合から、「69通達」の議論が始まったように思われる。毎日新聞記事を引用したい。（注5）

「高校生の政治活動：規制の旧文部省通達、見直しへ　文科省

◇『高校3年生の一部が有権者で、大前提変わる』と

文部科学省は28日、選挙権年齢の見直しに関する与野党のプロジェクトチーム（PT）が国会内で開いた会合で、高校生の政治活動を規制する旧文部省通達について『高校3年生の一部が有権者になることで大前提が変わる』として見直す方針を示した。

旧文部省は1969年、学生運動の高まりを背景に、高校生による政治団体の組織化や文書の掲示・配布、集会開催などの政治活動を『教育に支障があるので制限、禁止する』と通達。PTでは選挙権年齢が『18歳以上』に引き下げられた場合の対応を協議しており、出席議員が『18歳の有権者が活動できる余地を残すべきだ』と指摘。文科省側は『通達を踏襲する部分と見直す部分とに整理する』と回答した。」

そして、5月12日の会合で再び議論となる。今度は朝日新聞から引用する。（注6）

「『高校生の政治活動は適切に』自民指針案に異論相次ぐ

『校外の政治・選挙活動は、高校生の本分をわきまえつつ実施する』――。12日に開かれた選

挙権年齢に関するプロジェクトチーム（ＰＴ）で、自民党の船田元座長が選挙権年齢の18歳引き下げにあわせて独自の指針案を示したところ、各党から異論が相次いだ。

未成年の政治活動については、学生運動が盛んだった１９６９年、当時の文部省が『国家・社会としては未成年者が政治的活動を行うことを期待していない』との通知を出し、現在も効力があるとされる。船田氏の指針案はこの通知を緩和する狙いがあり『校内での有権者たる生徒の政治・選挙活動は適切でなければならない』との案も示した。それに対して、公明党などが『何が「適切」なのか分からない』『高校生の「本分」があいまいすぎる』と指摘。選挙権年齢を18歳に引き下げることに合わせて、新しく何らかの指針をつくることを含めて、各党で改めて協議することになった。」

この後、国会では与野党温度差を残しつつも、各党議員から「69通達」に関して質問がなされ、参考人質疑においても、通達の見直しを求める声が上がっている。次項以降において詳述したい。

注１：http://www.citizen-net.org/policy/hmaeda1/
注２：http://demokurashi.news.coocan.jp/koukou-ishiki.htm
注３：http://www.rights.or.jp/archives/2000/05/dantai000530.html
注４：「週刊金曜日」第４５７号〈２００３年４月25日号〉。
注５：毎日新聞２０１５年４月28日配信記事。
注６：朝日新聞２０１５年5月13日配信記事。

2、衆議院「一部を見直すんじゃなくて廃止すべき」

衆議院特別委は「69通達」をどう論じたか

まず、「18歳選挙権法案」（公職選挙法改正案）がどのような流れで成立にまで至ったか、日程を紹介しておきたい。

２０１５年５月27日、衆議院「政治倫理の確立及び公職選挙法改正に関する特別委員会」において法案趣旨説明があり、次の日程で同法案は成立した。

5月28日　衆議院特別委にて一般質疑
5月29日　衆議院特別委にて参考人質疑
6月2日　委員会締めくくり質疑、法案採決。全会一致で可決。
6月4日　衆議院本会議で、全会一致で可決。
6月5日　参議院「政治倫理の確立及び選挙制度に関する特別委員会」にて趣旨説明
6月10日　参議院特別委にて参考人質疑
6月15日　委員会締めくくり質疑、法案採決。全会一致で可決。
6月17日　参議院本会議で、全会一致で可決。法案成立。

実践的な主権者教育と「ガイドライン」

さて、まずは衆議院特別委の議論から、「69通達」につながる部分に限って紹介していきたい。自民党・井野俊郎議員が「今回の引き下げで起きそうな問題点」として「よく考えずに投票する人がふえるんじゃないか」と問うたのに対し、法案提出者の船田元衆議院議員（選挙権年齢に関するプロジェクトチーム座長）は大前提として、次のように述べている。

○船田法案提出者（自民）　特に若い人たちには、先ほど申し上げたような、実践を伴った主権者教育をやはりきちんと行っていく必要があるんだろうと思います。自分の目で見て、そして資料を集め、情報を集めて、自分の自由意思でしっかりと判断をしていく、そういう判断能力というのを、やはり小学校、中学校、高校で段階ごとに養っていただくということが必要である、そういう意味での体系的な主権者教育というのが必要ではないか。こういうことで、これはさらに役所をも巻き込んで、我々もプロジェクトチームでしっかり議論をしていくべき問題だと思っています。

続けて、自民党・小田原潔議員の質問に答えて、船田議員は次のようにも言う。

○船田法案提出者　高校における政治活動、選挙運動、これらは、新たに有権者になった者ということでありますが、何ができて何ができないのかということをなるべく明確にしておく必要があるんだろうというふうに思っております。

ただ、余りさまざまな分野でいわゆる公職選挙法以上に制限を加えるということになりますと、せっかく18、19の者に選挙権を与えても、自由に行えないというようなことで萎縮されるということも当然考えられますので、なるべく、選挙運動については可能な限り自由にやらせるということも一方では必要ではないか。

しかし、何かルールがなければいけないということであれば、法律というよりは、やはり学校が校則などを通じて自主的に規制をすること、あるいは国や都道府県の教育委員会におきましても、学校に対して何らかのガイドラインを示すということが必要である、こう思っている次第でございます。

この質疑の中で出てくる、「実践的な主権者教育」、「学校が自主的に規制」、「国や都道府県においても学校に対してガイドラインを示す」……これらは国会討論の中で再三にわたって出てくる重要な論点である。というのも、そうした「ガイドライン」こそが「69通達」であった訳であり、解釈次第では「69通達」の書き直しによる再規制になりかねないからである。注視しなければならないポイントだ。

「69通達」は「非常に厳しい」

公明党の國重徹議員は、もう少し前向きな回答を引き出している。國重議員は、諸外国の政治教育の例などを尋ね、高校における政治教育・政治活動について問い、「69通達」についてどのように考えるか追及している。法案提出者の答弁は注目に値する。

○北側一雄法案提出者（公明）　18歳選挙権が実現をいたしましたならば、当然、これは選挙権を持つわけですので、選挙運動も基本的に自由、また政治活動も自由、これがまず大原則であるというふうに思います。

今おっしゃった昭和44年の文部省通達というのがありまして、非常に厳しい内容の通達になっているんですね。当時、高校紛争なんかがありまして、そうした当時であったという背景がございますし、そもそも選挙権を持つ高校生などいない、こういう時代の通達でございます。

この通達については、今回、18歳選挙権が実現しましたならば、見直しをしていただく必要があるというふうに考えております。

ただし、選挙運動、政治活動が自由とはいうものの、では、全く自由でいいのかというのは当然議論があるわけでございまして、例えば、学校の中での選挙運動、政治活動についてどう考えていくのか。学校は教育の現場でございます。そこにはやはり一定の秩序というのが求められるというふうに思うんですね。そこでは一定の規制があるんだろうと思うんです。

ただ、その規制をではどうやってつくっていくのかということなんですが、ここは、やはり選挙運動、政治活動は基本的に自由であるという原則に立ち返った上で、各学校ごとにそういう自主規制というものをつくっていただくということがいいと思います。また、各教育委員会におかれましても、一種のガイドラインのようなものを検討していただくことも大事かなというふうに考えているところでございます。

いずれにいたしましても、この文部省通達につきましては見直しが必要、そして、学校内における選挙運動や政治活動の規制についてどう考えていくのか、こういうことについてもしっかり私どもも議論をしてまいりたいというふうに考えております。

この北側法案提出者の答弁には、「ガイドラインの必要」、「学校の中の一定の秩序」といった内容も含まれており、懸念は残る。しかし、「選挙運動も基本的に自由、また政治活動も自由、これがまず大原則である」という姿勢を示したことは極めて重要だ。そうである以上、「69通達」について「見直しをしていただく必要がある」という結論に至るのは至極当然と言えよう。

「69通達」は見直されるか

宮崎岳志議員（民主）は、公立・私立高校における政治的活動・選挙活動の規制について考え方を質した上で、「69通達」の問題を取り上げる。

○宮崎議員　当時、昭和44年、文部省初等中等教育局長が出した通達。内容を見ますと、例えば、

「選挙権等の参政権が与えられていないことなどからも明らかであるように、国家・社会としては未成年者が政治的活動を行なうことを期待していないし、むしろ行なわないよう要請しているともいえる」、あるいは、「生徒の政治的活動は、学校外の活動であっても、何らかの形で学校内に持ちこまれ、現実には学校の外と内との区別なく行なわれ、他の生徒に好ましくない影響を与えること。」、あるいは、「生徒が政治的活動を行なうことにより、学校や家庭での学習がおろそかになるとともに、それに没頭して勉学への意欲を失なってしまうおそれがあること。」、あるいは、「放課後、休日等に学校外で行なわれる生徒の政治的活動は、一般人にとっては自由である政治的活動であっても、前述したように生徒が心身ともに発達の過程にあって、学校の指導のもとに政治的教養の基礎をつちかっている段階であることなどにかんがみ、学校が教育上の観点から望ましくないとして生徒を指導することは当然である」このような記述がございます。

今回、この法律が通ると、選挙運動さえ自由になるわけでありますから、本質的に全く法律と通達が食い違ってしまうことになります。この通達について、今後、修正をする、あるいは新しいものを出す、そんな御予定はあるかどうか、文部科学省に伺いたいと思います。

○伯井美徳　政府参考人（文部科学省大臣官房審議官）

御指摘の昭和44年通知でございますが、御指摘のとおり、この通知は、学校で政治的教養を高めるための教育を行う必要性を示しつつも、高校生の行う政治的活動につきましては、学校内では制限、禁止し、学校外でも望ましくないとして生徒を指導することを各学校に対して求めているものでございます。

これは、当時の時代背景、あるいは投票年齢は20歳以上であるということを前提とした通知でございますので、通知の内容につきましては一定の見直しを行う必要があるというふうに認識しておるところでございます。

高校生の政治的活動に関しては、高等学校が教育基本法に基づいて政治的中立性を確保することの必要性というのは変わりないわけでございますが、一方で、18歳以上の高校生が、今回の公職選挙法改正によりまして選挙運動も可能になるというようなことがございますので、そうしたことを踏まえ、特に学校外での活動について一定の見直しが必要になるというふうに考えております。


文部科学省がようやく「69通達」見直しを明言する貴重な場面である。他方で、教育基本法の歪曲的解釈でもって、「高校生の政治的活動に関しては、高等学校が教育基本法に基づいて政治的中立性を確保することの必要性というのは変わりない」としている点は、弾劾すべき注意点だ。

政治的中立性が焦点となった衆議院特別委参考人質疑

一般質疑に続いて、翌5月29日、衆議院は、特別委員会に、参考人として、①中央大学特任准教授・NPO法人Rights代表理事・一般社団法人生徒会活動支援協会理事長高橋亮平氏、及び②明日の自由を守る若手弁護士の会事務局長・弁護士早田由布子氏ら4氏を招致した。

冒頭、各参考人が主権者教育や、被選挙権年齢、投票率低下の問題、海外の事例などについて陳述する。「69通達」を直接取り上げたのは高橋参考人だ。

○高橋参考人 （略）現在高校生の政治活動を禁止している通達なども見直しながら、政治現場にかかわれる、また政治現場が学校教育現場に入っていける、そういった環境整備を行っていくべきではないかと思います。（略）

順序は異なるが、高橋参考人は、斉藤和子議員（共産）に、活動を始めた動機を問われて次のように答えている。子どもの権利条約が質疑の中で出てくる希有な場面でもあるのでふまえておきたい。

○高橋参考人 私、高校のときに生徒会長でした。そのときに、例えば校則を半分にしたりとか、あと、当時、子どもの権利条約が日本で批准されたばかりの時期でして、子どもの権利条約の中では子どもの最善の利益とかさまざまな権利が保障されている一方で、学校現場では、みんなそうなんだから我慢しなさいといって、なかなか権利が保障されていない状況があったんです。

こうした中で、子どもの権利条約というのは条約ですので、憲法の下だ、先生が言っているのは、教育委員会か、大きくても文科省の通達ですよねと。通達より大分上の条約でこういうことが保障されていると思うんですけれども、何で我々にはこういう権利が保障されていないのか答えてくださいというような公開質問状を、学校に出したりとか、教育委員会や知事に出したりとか、当時の各政党に出したりとか、文科省、外務省とかに出したりとか、そういうような活動をしていたんですね。

政治的忌避は民主主義をゆるがす

教育現場に求められる政治的中立性については、早田参考人の陳述が圧巻だ。

○早田参考人　若い世代の投票率を上げるにはやはり学校教育が重要でございますけれども、学校現場において私が体験したことを一つ御紹介させていただきます。（略）ＰＴＡの親御さんたちが積極的に企画をされて私たちに持ち込まれたということが複数回ございました。ところが、最終的にこれはいずれも実現しないんですね。

私と一緒に活動しているある若手弁護士の体験では、校長先生からストップがかかったというんです。理由は、憲法のような政治的な課題について公立学校で扱うことは望ましくない、このような理由で、憲法について学校という場所で扱うことそのものが避けられているということなんです。

これは政治的中立とは申しません。政治にかかわることそのものを避けようとする、政治に対する忌避でございます。政治的課題を扱うことによって、その学校あるいは校長先生御自身に対して何らかの横やりであるとか介入があるということに配慮されたのではないかと考えられます。

今、このように学校教育現場では政治を語ることに対する萎縮が進んでおると聞いております。教員の方々の教育内容についての裁量が保障されていなければ、政治について自由に語り自由に考えるという風土は生まれません。政治による教育現場への介入、これが招くものは政治的中立ではなく政治に対する忌避であり、それ自体、民主主義の根幹をゆるがせにするものです。政治について自由に語られるという場がなければ、子供たちが多様な意見に触れることもなく、その多様な意見に触れてみずから考えることも判断することもなく、自分の意見を養うということもできなくなるからです。

若い世代の方々が政治への関心を持つために必要なことは、政治的無菌状態に置くことではありません。また、特定の意見を押しつけることでもありません。多様な意見に触れる機会を存分に提供して、みずから考えて議論をするという中で考えを深めていくということでございます。

海外の事例と政治的中立性

続く委員との質疑の中で、政治的中立性の確保について問われ、高橋参考人はドイツの例を挙げる。
○高橋参考人　ドイツにはボイテルスバッハ・コンセンサスというのがあって、ここでは三つのことを規定しています。
読み上げますと、1点目は、教員は生徒の期待される見識をもって圧倒し、生徒がみずから判断を獲得するのを妨げてはならない。二つ目は、学問と政治の世界において論争があることは、授業の中でも論争があるものとして扱わなければならない。三つ目が、生徒がみずから関心、利害に基づいて効果的に政治に参加できるよう、必要な能力の獲得が促されなければならない。この三つを政治的中立性を考える考え方として位置づけています。

テストのためだけに教科書の字句を暗記する日本の教育とは違った考え方がそこにはあるようである。良識ある公民たるに必要な政治的教養を、どちらが身につけられるものであるかは言うまでもないであろう。

通達の廃止・撤回を求めた衆院特別委

法案採決に先立って質疑が行われた衆議院特別委員会で、5月29日の参考人質疑に続いて、民主党の福島伸亨議員が質問に立つ。政治的中立性について教育基本法との兼ね合いで、まず政府参考人を追及している。
○福島議員　ある意味、政治と宗教というものは、教育の世界に持ち込むのはタブーのようなことに今なってしまっているんだと私は思っております。
その根拠となっているのが教育基本法第14条の第2項で、「法律に定める学校は、特定の政党を支持し、又はこれに反対するための政治教育その他政治的活動をしてはならない。」という条文でありまして、確かに、学校が特定の政党を支持したり、あるいはこれに反対するための政治教育を行うことは、これは明確におかしなことであると思います。法律条文上、「その他政治的活動をしてはならない。」と。

では、この「その他政治的活動」とは何か。
○徳田正一　政府参考人（文部科学省大臣官房審議官）（略）教育基本法第14条は、第2項において、学校、すなわち、教える側における政治教育その他政治的活動の限界を示し、特定の党派的政治教育等を禁止することにより、政治的中立を確保しようとするものであります。第2項において禁止されています「その他政治的活動」とは、政治上の主義や施策を推進したり、支持したり、反対することを目的として行われる行為でありますが、ある行為が政治的活動に該当するか否かは、具体的事象に即して判断されるべきものと考えております。
○福島議員　いつも役所の答弁はこうなんですよ。具体的な事象に即してやるとなると、何がよくて悪いかというのは学校の現場の先生はなかなかわからない。

新たな通知が必要、と文科省は言うが

○福島議員　昭和44年通達にいろいろなことが書いてあるんですよ。「生徒が学校内に政治的な団体や組織を結成することや、放課後、休日等においても学校の構内で政治的な文書の掲示や配布、集会の開催などの政治的活動を行なうことは、教育上望ましくない」と通達で書いてあります。（略）

先日、宮崎議員の質疑に対して、通知の内容につきましては一定の見直しを行う必要があると認識していると答弁しておりますけれども、それでよろしいですか。

○伯井政府参考人　高校生の政治的活動については、教育基本法に基づいて政治的中立性を確保することの必要性は変わるものではない、ただ一方で、18歳以上の高校生が今回の公職選挙法改正により選挙運動が可能になるといったことなども踏まえて、一定の見直しをして、そして新たな通知を出すことが必要であるというふうにお答えしたところでございます。

○福島議員　ありがとうございます。一定見直すけれども、やはり政治的中立性というのは極めて重くのしかかっているというのが今の答弁でわかりました。

この通達を見ると、生徒が政治的活動に走ることのないよう十分指導を行わなければならな

い、まさに政治活動というのは非行と同じような表現をされているわけですね。（略）
先ほど審議官は、教育基本法の第14条1項を引いて、「良識ある公民として必要な政治的教養は、教育上尊重されなければならない。」と、政治的教養と出しましたけれども、私は、これは文科省の皆さんが考えるような模擬投票で一回投票してみましょうなんというのが政治的教養だと思いません。政治的中立性というのは、実は一番難しいんですよ。（略）無菌培養のように主義主張も何にもない中で単に模擬投票をやることが政治的中立性を涵養するとは私は全く思いません。

政治的中立の要請から何を禁じうるか

○船田法案提出者　よく政治的中立というと、何もそこに入れないこと、色に染まらないこと、そういうことを目指すのがこれまでの傾向であったと思います。だからこそ、政治的中立の名のもとに、結局、近現代の歴史や、あるいは本当にいい意味での政治教育ができなかった、そういうところにやはり大きな問題があると私も思っています。（略）
純粋培養イコール政治的中立ではないということはしっかり踏まえて、これから行うはずのいわゆる主権者教育、実践的な主権者教育もやはりそういう観点に立つことが非常に大事だ、こう思っております。

○武正法案提出者　教育の政治的中立性の名のもとに禁止することが許されるとすれば、それは、教員の地位利用による特定の政党支持の強要のようなものに限られるべきであります。（略）法案成立後、１年後施行という中で準備を主体的にやはり立法府もしていく必要があるのではないかというふうに思っております。

○福島議員　私は、さっきの文科省の答弁にあったように、44年通達をここでちょっと手直す程度では、また同じになっちゃうと思うんです。スタートが大切だと思うんですね。私は、まずこの昭和44年通達は、一部を見直すんじゃなくて廃止すべきであるというふうに考えます。そして、何がだめかというのは、これは政治家同士で、各党胸襟を開いて議論をした方がいいと思うんです。

法案提出者は通達の全面的見直しを求めている

○船田法案提出者　昭和44年の文部省からの通達でございますが、内容は、確かにもう古くなった部分いっぱいあると思います。ただやはり、いわゆる政治的中立ということと、学校におけるさまざまな秩序、あるいは、有権者と非有権者が高校3年生になると混在をいたしますので、そういうあたりは何らか物を言っておく必要があるのかなと思っているので、全面やめちゃえというのはちょっとどうかな、そのエッセンスは残しておく必要があると思っております。

それから、せっかく18歳、19歳の青年が選挙権をもらうという中で、要するに、生徒として当然選挙運動ができる立場になります。ただ、学校でやれること、外でやれること、それから何ができて、何ができないか、そういうことをなるべくはっきり示してやらないと戸惑ってしまうということがありますので、そのあたりは、今もお話出ていますように、超党派の、この議員立法を提出する母体となったプロジェクトチームにおいて、今後しっかりと、何ができる、何ができないをある程度示して、そして、それはガイドラインであるとか自主規制に使ってもらう、そういう形にしたいと思っております。

○武正法案提出者　こういう44年通達がありますから、見直すと文科省も言っているわけですから、そこは文科省も主体的に見直してもらって、そしてまた、都道府県教育委員会等に当然そうした通知が行ったら、今度は都道府県教育委員会、そしてまた、私学は先週もお話あったように知事部局になりますので、それぞれがまた主体的にこの件についても取り組んで、各学校に適切な指導助言がなされるようにということで、それぞれが主体的に取り組むというのは大変大事なことではないかと思います。

○北側法案提出者　44年通達というのは、当然のことながら、18歳の方に選挙権はありません。今回、18歳選挙権を認めるわけです。当然のこととして、その18歳以上の方々は、選挙運動の自由、政治活動の自由、これがあるのが大原則でございます。

この大原則に立った上で、これはもう学校に限らず、企業だってそうで、会社だってそうで、どんな組織だって、全く無秩序にやられたら困っちゃうわけでございまして、学校の中で一定の規制というのが必要でしょう。それは、それぞれ自主的にぜひ検討していただくということがいいんじゃないかと私は考えております。

そういう意味で、44年通達については、全面的に見直した方がいいと私は考えております。

○野間法案提出者　44年通達は、そのときはその大前提の18歳選挙権がなかったわけですから、これはもう全く完全な変更になりますので、全面的に見直すべきだと思います。それと、政治的中立性ですけれども、ともすると、これは現状維持とか、今のことについて無批判という結果になりがちですので、この辺はやはり主権者教育という意味で、いろいろな意見を闘わせるという教育、プロジェクトチームでそういったガイドラインをつくっていくべきだと思っております。

○福島議員　それぞれ若干の濃淡はあったと思いますけれども、でも、前向きな答弁をいただいたと思っております。ただ、これは文部科学省に任せると、必ずどんどんかたくなっていきます。それがさらに県の教育委員会、市町村の教育委員会におろされると、さらに規制が強くなっていくというのがお役所のおきてでありまして、（略）決して文科省任せにしないようにお願いをいたします。

「役所任せにしない」、参考人質疑の篠原参考人の主張を、福島議員は改めて指摘し、「69通達」の見直しではなく廃止が必要であると強調している。法案提出者は、「ガイドライン」「自主規制」

といった言葉を使って、高校生の政治活動規制を正当化しようとしている点に注意が必要だ。本当に「69通達」見直しは、高校生の政治活動禁止を「全面的に見直す」ことにつながるのか。

政治的活動の自由は憲法が認めた基本的人権

続けて、日本共産党の塩川鉄也議員の質疑に注目したい。

○塩川議員　確認ですけれども、この通達はもうきっぱりと見直す、18歳以上は選挙運動も基本的に自由、政治活動も自由、こういう立場だということか、お答えいただければと思います。

○北側法案提出者　おっしゃっているとおり、18歳選挙権が実現しましたならば、選挙活動も自由、そして政治活動も自由、これが大原則でございます。今20以上の者が選挙運動自由、政治活動自由と同様でございます。ですから、その大原則に立った上で、例えば学校の中の秩序とかルールとかそういう面で、一定の規制が必要だと思います。そこはしっかりと学校の中で御議論いただいて自主規制をしていく、また、教育委員会等でもガイドラインをつくっていくということは当然あるというふうに考えております。（略）

特に学校は教育の現場でありますから、そういう教育の現場の本旨に従って一定のルールは当然あるだろうと思いますが、大原則は、選挙運動自由、政治活動自由だというふうに考えております。

○船田法案提出者　私も、基本的には、有権者となった生徒は政治活動そして選挙運動は自由であるということは言うまでもないと思っております。ただ、その者が学校の中において何をやってもいいかというと、そこはやはり学校内の秩序、とりわけ私たちが配慮しなければいけない点は、同じクラスにいながら、同じ学年でありながら、有権者になった者となっていない者が混在をしているということでございまして、そういう観点からすると、有権者となった高校生が非有権者に対して何をやってもよいということには多分ならないんだろうというふうに思っています。（略）しっかりと議論をして、何ができるのか、何ができないのかということをやはりある程度はっきり、ガイドラインのような形でお示しをしていくことが大事なのかな、そういうふうに感じております。

○塩川議員　この間の報道によりますと、そのプロジェクトチームで議論もされて、その際に船田議員として私案も出されたということも目にしております。そこでは、学校外に限って政治活動を認める私案をまとめたとあるわけですけれども、これは、学校外しかいわゆる政治活動を認めないということなのか。

○船田法案提出者　これは私のあくまで個人的なメモということで（略）学校外においては、有権者となった生徒の政治活動、選挙運動は自由であるということは書かせていただきました。

ただ、学校内においての政治活動、選挙運動については、先ほど申し上げたように、有権者と非有権者が混在をしていること。あるいは、学校においてはやはり勉学が全ての基礎でなければいけない、最優先をされなければいけない、仮に選挙運動をやることによって教育あるいは勉学というものがおろそかになるとすれば、それはやはり考えなければいけませんねということで、適切な対応を求めるということで、制限するという言葉は一切使っておりません。あくまで、適切に対応していただくというようなことで文章としてはまとめさせていただいております。

この、学校内外での区別、について塩川議員は重要な指摘をしている。

○塩川議員　政治活動の自由の問題という憲法に定められた基本的人権との関係でも、学校の内、外で分けるような問題ではないだろうと思います。この法案の参考人質疑でも、（略）参考人の方々が述べられたのは、学校内だろうと学校外だろうと、さまざまな意見に触れ、みずから考える、そして行動するということが教育の現場で必要だということであります。こういう立場で臨むことが求められているのではないのか。

どのような主権者教育をしていくのかはいわば今後の検討課題ということでは、投票する権利は与えるけれども、余計なことをするんじゃないというような、そういうメッセージにもなりかねないという点でも、私たちは、改めて、この１９６９年の文部省通達は撤回、撤廃をすべきだということは申し上げておくものであります。

3、参議院は「通達の撤回というものは当然だ！」

主権者教育と政治的中立性

参議院は、2015年6月10日、参考人として①立命館宇治中学校・高等学校教諭杉浦真理氏、②NPO法人YouthCreate代表理事原田謙介氏らの4氏を招致し、質疑を行った。

現役の高校教員である杉浦参考人は、模擬投票の実施経験もふまえて法案に賛成である、との立場を明らかにしつつ、教育現場の立場から、「主権者教育」の重要性を訴えている。

○杉浦参考人　高校生に寄り添いながら未来を切り開く力を育てたい、そういう視点から（略）シチズンシップ教育、市民を育てる教育というのを学校現場で行ってきています。（略）そのためには、主権者教育を充実させていかなければいけません。（略）教育基本法にも教育の中立に対して担保する条文はありますけれども、現場の教員が本当に生徒自身を成長させるために主権者教育、政治教育ができるように励ますような文部科学省の取組というのが今必要かと思います。

先ほどお話しになられた神奈川県のようにすごい進んだところもありますし、一方では、模擬投票をやろうとしたある公立高校では教育委員会からストップが掛かってできない、そういう声を、私は模擬投票推進ネットワークというところにも入っていますが、実際そういうのを経験しています。

杉浦参考人の、「政治的中立性」の要請によって教育現場から政治的忌避が起きる、との指摘は、衆議院特別委参考人質疑における早田参考人の事例とも共通する。今日に起きている現状、事象であるということを重大にふまえる必要があろう。後の質疑の中で、日本共産党の井上哲士議員の質問に答えて、杉浦参考人はもう少し踏み込んで事情を説明している。

○杉浦参考人　ちょっと具体的には申し上げませんが、公立高校はやっぱり厳しいです、模擬投票推進ネットワークに入ってくるのは私立の学校、まあ本校もそうなんですけれども、多いです。それは、やはりこういった生の政治を取り扱うということに、教育基本法の（略）第2項の政治的中立性を担保するためにどうするかというと、やめとこうという学校がやはり公立さんの中ではある。その判断をやはり教育委員会なり校長がする場合があるということで、それはちょっと残念なんですけれども。

委員の質問、それに対する答弁からも若干触れておきたい。まずは民主党の難波奨二議員が、主権者教育の観点と合わせて政治的中立性の担保について質問している。それに対する答弁を引きたい。

○杉浦参考人　政治的中立性というのは難しいことではあるんですけれども、（略）高等学校における政治的教養と政治的活動という昭和44年のかなり古い文部省の通知がありまして、この当時は時代を反映してこういうものになったと思うんですけれども、要するに高校生は政治活動してはいかぬ、学校の外もあかんという形での通達が今もある意味生きているということもあります。こういった現状の中で、どうこの子たちが勉強していくかというときに、教師もやはりこういうのを見たときに、政治の教育をするのはちょっとやめようかな、ちょっと不安だなという人がたくさんいるわけですね。

そして、難波議員の続く質問の中で、懸念される新たなガイドラインについて、杉浦参考人は次のように指摘している。

○杉浦参考人　スタンダードなラインを国が出すというのはいいんですけれども、それしかできないというような統制的なものを出されますと、非常に現場としてはやりづらいなというふうに思います。

例えば、スウェーデンでは模擬投票というのをかなりやっているんですけれども、それは青少年庁という国の役所がモデルケースを出して、それに参加するか参加しないかは各学校の自由なんですね。（略）多様ないろんな実践が生まれて、それをまた共有するようなどこか実践をまとめたものを文科省でもつくっていただけるとうれしいんですけれども、最低限のガイドラインは必要だと思いますが、基本的に各地方の実践を紹介していただくような在り方が有り難いと思います。

高校生の政治活動の自由保障を

筆者も、この杉浦参考人の意見に賛成だ、と言っておきたい。というのも、「69通達」は、統制型・規制型の「ガイドライン」であった訳であり、各都道府県教育委員会は、それをコピー＆ペーストして、各々の通達を発出した。単に政治活動を禁止するのみならず、教育現場から政治忌避を生み出してしまったのが、この「69通達」ガイドラインなのだ。そして、今日、法案提出者は、「69通達」見直しを一方で言いながら、「ガイドライン」「自主規制」を求めている。それでは、「69通達」の書き直しであって、見直しではない。文科省の答弁からも明らかなのである。

そして、懸念されるのは、主権者教育が、何か「上から与える」機会に留まって議論されてはいないか、ということだ。筆者は、模擬投票もディベートも学校現場で大いになされるべきだと考える。それは主権者教育の一つの柱となるであろうし、とても有意義なものであろう。なるほど、「主権者教育」というものを、仮に「上から与える機会」として捉えるならば、模擬投票やディベートに留まるのも無理はない。それはそれで必要なことである。

しかし、「良識ある公民」を育成し、「将来国家・社会の有為な形成者として必要な資質を養う」ことを考えた時に、一方で模擬投票やディベートの実施を先進的に取り組んでおきながら、「国家・社会としては未成年者が政治的活動を行なうことを期待していないし、むしろ行なわないよう要請しているともいえる。」、「心身ともに発達の過程にある生徒が政治的活動を行なうことは、将来広い視野に立って判断することが困難となるおそれがある。」として高校生の政治的活動を規制するならば、それはやはり矛盾であり、大きな過ちである。

埼玉県・自由の森学園の社会科教員、菅間正道氏は模擬投票について、意義は認めつつも少し引っかかる、として、次のように注意喚起している（注1）。

「生徒が政見放送やマニフェストを見て、そして投票をする、ということだけでは、どうも『消費者』のような気がしてならないからなのです。政党の出したメニューの範囲内で、その枠内で投票を決める……ここには、私たちの要求や声を届ける、あるいは政党に突きつける、という側面が抜け落ちています。」「気をつけないと、単なる〈政治消費者の生産〉に加担することになりかねない」というのである。教育現場の「授業」としてではあるものの、生徒自身が要求を考え、候補者に手紙を送って、その結果も踏まえてレポートする、という菅間氏の実践は興味深いものがある。

船田元法案提出者の強調する「『実践的な』主権者教育」には、模擬投票だけでなく、高校生の自主的・自発的な政治活動の自由保障が含まれなければならない。そうでなければ中途半端な有権者育成に留まってしまうのではなかろうか。

通達の撤回こそ当然だ！

採決に先立つ質疑の中で、冒頭、自民党の山下雄平議員が高校生の政治活動の問題をとりあげる。また、山下議員は通達の見直し、副教材配布の時期について問うが、これに対する答弁ははっきりしない。続けて高校生の政治活動の問題をとりあげたのは、公明党の長沢広明議員だ。

○長沢議員　生徒の側としては、学校内においての政治活動や選挙運動というものはどうなるのか。（略）18歳選挙権導入に伴って、学校現場において政治的中立性を確保しつつ、どのような政治教育の内容が必要か、重要か、どうお考えか、お伺いしたいと思います。

○北側一雄法案提出者　18歳選挙権の実現に向けまして、政治教育、主権者教育の充実というのは極めて重要であると考えております。（略）高校生の一部が選挙権を持つということになりますから、民主主義社会における政治参加意識を高めるため、国や社会の問題を自分たちの問題として考え、捉え、行動していく、主権者としての素養を身に付ける教育を充実させていくことが大変重要だと考えておりまして、今後、学習指導要領の改訂に際しまして、こうした主権者教育をしっかりと柱として位置付けていくことが重要になるというふうに考えております。（略）

それから、学校での政治活動、選挙運動の問題でございますが、これについてはこれまでも政党間でも相当協議を、議論をしてまいりました。まずは、18歳選挙権が仮に実現しましたならば、これは今20歳以上の方々が選挙権を有し政治活動が自由であるのと同様でございまして、18歳選挙権が実現しましたならば、18歳以上の者が政治活動の自由、また選挙運動の自由があるというのは、これは大原則、基本であるというふうに考えております。

その上で、その上に立って、ただ学校内という教育の現場でございます。そういう教育の現場という特性からして、学校内での選挙運動や政治活動について一定のルール、規制があるということは、これはもう当然しかるべきそうしたルールがあるんだろうと。それについては是非各学校で、また教育委員会等で自主的な規制を是非つくっていただきたいというふうに我々は今考えております。そのガイドラインについて、我々政党間の協議の中でも一定の提案をしていくということは当然考えていかねばならないというふうに考えているところでございます。

学校内で政治活動はできるのか

日本共産党の吉良よし子議員は、もう少し踏み込んだ追及をしている。法案提出者が固執する「学校内の秩序」「政治的中立性」「自主規制」「ガイドライン」……吉良議員はこの考えに賛同しない。

○吉良議員　選挙活動も政治活動も自由というのであれば、まずはやはり高校生の政治活動を禁じた1969年の当時文部省が出した通達の撤回というものは私、当然だと思うわけです。と同時に、先ほど御答弁にもありましたとおり、ガイドラインであるとか学校内での自主規制、ルール化などの声もありますけれども、これは、行き過ぎますと政治をタブー化してしまい、投票率の低下や若しくは政治参加への足踏みにつながる危険性もあることから、非常に慎重であるべきである。

衆議院において民主党の福島伸亨議員が「69通達」について、「見直すんじゃなくて廃止すべき」と主張したのと同じ考えと言ってよかろう。要するに、「お役所」文部科学省による「見直し」ではダメなのだ。

吉良議員は、通達の撤回を「当然」と言い切った上で、法案提出者が主張するガイドラインや自主規制が政治をタブー化し、ますますの投票率低下や政治離れを起こすと警告している。法案提出者が、教育の政治的中立性や学校の秩序を口実に、新規制を容認している訳だが、これらはむしろ弾劾されるべきことであって、通達の撤回こそなされなければならないのだ！

見直しを言いつつ、具体的言及を避ける文科省

日本を元気にする会、行田邦子議員は質問の最後で「69通達」について取り上げた。

○行田議員　脱原発とか消費税反対とかあるいは憲法改正と、こういった特定の政党の支持を訴えるものではなくて政策の主張や支持を訴えるものは、これは政治的活動と言えるのでしょうか。

○伯井政府参考人　政治的活動に当たるかどうかにつきましては、それが政治的意義を持った目的で行われるものかどうか、あるいはその行為の影響がどのようなものであるかなど、個々具体

の事案に応じて判断する必要があると考えておるわけでございまして、御指摘いただいた様々な活動につきましても、その目的や影響、さらには特定の政党との関わりの具体的な内容等を見ながら、個々具体的に判断していくべきものと考えております。

無所属クラブの中西健治議員も「69通達」見直しを求める質疑を行っている。

○中西議員　この通知が44年から今まで生き続けていること自体不思議に思うわけですが、判断が変わったとすれば、いつ判断が変わったんですか。

○伯井政府参考人　御指摘のとおり、この通知は44年当時の時代背景あるいは投票年齢が20歳以上であるということを前提としているものでございます。一方で、今日でも通用する内容もあるということで、現在でも学校現場においてこの通知を踏まえた対応がなされているというのもこれは現実でございます。

注1：『政治参加と主権者教育』（全国民主主義教育研究会編、同時代社、２０１０年）「政治的リテラシーを育むささやかな試み『政治家への手紙』」。

4、18歳選挙権法案成立のその後

「69通達」の失効・撤回を求めた民主党・共産党

18歳選挙権を導入する公職選挙法改正案は、以上のように「69通達」を一つの大きな論点としながら、衆参両院で全会一致で可決・成立した。

筆者は既に、法案提出者による「自主規制」「ガイドライン」を必要とする姿勢に疑義を示し、「69通達」の考え方に固執する文科省を批判してきた。本稿では、その後の動きについて、簡潔に触れておきたい。

民主党は8月18日、「学校教育を中心とした『主権者教育』確立のための政策提言――骨子」をまとめ、その中において、「『主権者教育』における学生・教員・学校の行為規範――学校教育と『政治的中立性』について文科省『昭和44年通達（通知）』は一旦失効させる。」として、「69通達」の失効を求めた。(注1) 同提言は、国会の議論を批判的にふまえ、次のようにも詳述している。

「『高校生らしく』『高校生としての本分』など難解な精神論とシティズンシップを育てる主権者教育とは両立せず採用しない。学生・生徒の学校外における行為等の制限は法令を根拠とする。学生・生徒の学校内における行為等の制限についても法令を根拠とし、『学校』という公共施設・教育施設に相応しく合理的なものとする。法的前提と時代背景が変わった以上、文科省『昭和44年通達（通知）』は一旦失効させ、『主権者教育』の体系の検討の中で必要があれば改めて検討する。」

この提言で重要なことは、学校内外の活動規制について「法令を根拠とし」、としている点である。もちろん法律であれば高校生の基本的人権を制限していい、という訳ではないが、少なくとも、文科省という「お役所」の作文による人権侵害を排し、立法府の主体的な意思決定に委ねようとする姿勢は評価できると言えよう。これは国会の参考人質疑でも求められていたことである。

日本共産党の坂井希氏は、『月刊学習』に以下の文章を寄せている。（注2）

「文部省初等中等局長が1969年に出した通達『高等学校における政治的教養と政治的活動について』は、すみやかに撤回すべきです。

1960年代当時、青年・学生の運動の高揚のなかで、世界では前述したように、18歳選挙権が次々と実現して行きました。一方、日本政府は、一部の学生による『暴力的な政治活動や授業妨害・学校封鎖への対処』を名目に、青年・学生運動の押さえ込みをはかりました。通達はそのために出されたもので、その中には『生徒の政治活動を禁止』すると明記されています。

時代背景が大きくかわったのちも、この通達を根拠に（略）高校生の自主的な活動が抑圧されてきました。

通達は、『政治的活動』を禁じる根拠として、『選挙権等の参政権が与えられていないことなどからも明らかであるように、国家・社会としては未成年者が政治的活動を行なうことを期待していないし、むしろ行なわないことを要請しているともいえること』をあげています。（略）18歳から選挙権を得ることになれば、この通達の前提自体がかわってきます。時代にいよいよそぐわないこの通達は、撤回されるべきでしょう。（略）

若者の投票率の低さが問題視されますが、高校生や大学生が政治に関わることをタブー視するような風潮をつくっておいて、20歳になったらいきなり『選挙に行け』と言うのは、あまりに乱暴な話ではないでしょうか。」

自民党は学校内外で「抑制」を求める

これに対して、真っ向から反対したのが自民党である。自民党政務調査会は、「選挙権年齢の引下げに伴う学校教育の混乱を防ぐための提言」をまとめた（注3）。

「政治参加に関する教育の充実とは一線を画し、高校教育の目的を達成する観点から引き続き適切な生徒指導が必要。昭和44年の文部省初等中等教育局長通知『高等学校における政治的教養と政治的活動について』を公職選挙法改正に伴って見直しつつ、高校教育の目的を達成する観点から、高校生の政治的活動は学校内外において生徒の本分を踏まえ基本的に抑制的であるべきとの指導を高校が行えるよう、政府として責任をもって見解を現場に示すべき。」としているのである。

「政治活動も自由、選挙活動も自由。それが大原則」と言っていた法案提出者の姿勢から比べても、およそ時代錯誤的なこの自民党の提言には呆れる他はない。しかし、この文書が「政権与党」から出されたものであることを軽視してはなるまい。文科省は、おそらくこのスタンスで新通達を出してくるに違いない。これを乗り越え、この考えをどう打倒するかが問われているのである。

教組はどう見解を示したか

18歳選挙権導入で、新聞各紙も社説で取り上げ、また、各教職員組合も声明を出している。日教組（日本教職員組合）と全教（全日本教職員組合）の声明に触れておきたい。

まず、日教組は以下のように述べた。（注4）「高校生の政治活動の在り方については、文部省通知（1969年）で高校生の政治活動を学校の内外を問わず禁止しているが、文科省はすでに通知を見直すことを表明している。若者の政治参加を促すという法改正の趣旨に反しないよう注視していく必要がある。」

この声明の中で日教組が安易に文科省の姿勢を楽観せず、「注視していく必要」と書いていることは重要である。国会答弁で明らかなように、文科省は「69通達」のどこをどう見直すのか明言せず、「今日も通用する考え」などと述べているからだ。

全教は次のような書記長談話を発表している。(注5)

「欧米では、1960年代後半のベトナム戦争反対や学生運動などの高まりの中で18歳選挙権が次々に導入され、若者の政治参加が実現しました。しかしながら日本では、一部の学生による『暴力的な政治活動や授業妨害・学校封鎖への対処』を口実に、1969年に文部省初等中等教育局長が出した通達『高等学校における政治的教養と政治的活動について』（いわゆる「69通達」）によって『生徒の政治的活動を禁止』してしまいました。

憲法や子どもの権利条約で保障された生徒の『表現の自由』や『意見表明権』を侵害する『69通達』は一刻も早く撤回し、18歳選挙権の導入に応じた、民主的な主権者教育、市民教育（シティズンシップ教育）を学校教育で保障することが重要です。」

たしかに文科省は「69通達」を見直す、とは言っている。しかし、それは本来、全教などが主張するように「撤回」であるべきだ。46年経った「今日でも通用する内容もある」とする文科省に、一体何を期待すればいいのか。それとも、自民党政務調査会の言うように、「基本的に抑制的であるべき」なのか。断じて違う。高校生には表現の自由も、集会・結社の自由も保障されている。そうである以上、高校生の政治活動規制など木っ端みじんになされなければならない。

注1：https://www.dpj.or.jp/download/22899.pdf
注2：以下のサイトからの引用によった。

http://matinofuruhonya.blog.fc2.com/blog-entry-1728.html

注３：http://jimin.ncss.nifty.com/pdf/news/policy/128241_1.pdf

注４：http://www.jtu-net.or.jp/2015/06/18-3.html

注５：http://www.zenkyo.biz/modules/opinion/detail.php?id=427

あとがき

ティンカー事件判決と今日の日本の状況

１９６５年12月、アメリカで、ベトナム戦争に反対する中高生が、停戦を求めてクリスマスシーズンに黒い腕章を着けて登校し、停学処分に付された。しかし、このティンカー事件をめぐる裁判で連邦最高裁は次のように判示している（注１）。

「学校職員は生徒に対して絶対的な権限を有するものではない。生徒は学校内においても、学校外におけると同様に、わが連邦憲法の下での『人』である。」、表現の自由について、「修正第１条の諸権利は、学校という環境の特質に照らして適用されるにしても、教師および生徒に対して認められている。生徒あるいは教師が、言論ないし表現の自由に対する各自の憲法上の諸権利を校門の所で捨て去るのだとは、とうてい主張できない。」

そうだ！　権利とは、校門の前で脱ぎ捨てるようなものではないはずだ！

しかし日本ではどうであろうか。表現の自由、と言った時、それは学校の中において、せいぜい「憲法第21条」というテストのための字句に姿を変えてしまう。表現の自由が保障されている、とする受験教育と、実際には表現も集会・結社も認められないような学校内外の状況に、ともすれば何の矛盾も感じないままに、生徒は高校を卒業し、その多くは就職ないしは進学して、やがて「有権者」となっていく……。これが「69通達」が生み出した今日の政治離れであり、政治的忌避である。

制服向上委員会の清水花梨はインタビューの中で、社会の問題を考えることに「『なんか変わってる人たち』みたいな目でみんなが見ちゃうのがすごく嫌だなって思いますね。」と言う。それは今日の偽らざる現状なのだ。小川杏奈は、そうした状況をこう批判している。「高校生とか、中学生のうちから、いろんな日本とか、社会の問題について考えていくことで、もっと大人になった時に、いろんな視点から物事を考えられる」「将来広い視野に立って判断することが困難になるって書いてあるんですけど、じゃあ何も知らないで広い視野持てるのって。」

この状況は、一つの事実ではある。

制服向上委員会の実践こそ答えになる

筆者は本書を全四章となる構成で、「今、高校生の政治活動禁止が教育か」と問うてきた。起承転結を意識した訳ではないが、高校紛争を起点とした「69通達」を、憲法・教育基本法・子どもの権利条約の視点から展開し、今日の18歳選挙権の国会質疑の中でその問題を考えた。制服向上委員会の挑戦、その実践は本書の結論である。テストのための暗記学習に過ぎない政治教育は、どんなに暗記の量を増やしたところで、「良識ある公民たるに必要な」政治的教養にはつながらない。「等身大の」「普通の女の子」と清水が強調する、そのメンバーが集まり、自主的に調べ、討論し、行動することで初めて広い視野を持って政治に意見を言うことができる。これこそが政治的教養だ！　だから、だからこそ高校生に政治的活動の自由が保障されなければならないのだ！

制服向上委員会は、「活動家集団」ではない。筆者の経験から言えば、高校生の「活動家」にありがちな、背伸びした答えをすることもない。相手や組織に良く思われようと嘘をつくこともない。「未成年が政治的活動を行うことを期待していないんでしょうか」とする筆者の誘導に、「期待していない人もいますよね」（小川）とあっさり答えてしまう。そんな正直で誠実な姿が、彼女らの魅力であり、彼女らの発する言葉に説得力を持たせている。

一部で言われるような「大人に言わされている」「左翼に操られている」という批判は、まったく当てはまらないと筆者は考える。それが直接顔を合わせた筆者の実感である。今日、「誰かの心に輝く存在」として、彼女らは屹立している。

安保法制阻止に立ち上がった高校生

18歳選挙権を衆参とも全会一致で可決した２０１５年、第１８９通常国会は、だがしかし、その「18歳選挙権」が全く関心を招かないほどであった。というのも、安保国会と呼ばれ、安倍政権の下で、安全保障法制・戦争法案の強行採決が行われ、集団的自衛権の法制化が行われようとしていたからである。

国会前には連日多くの学生が全国から結集し、労働者・市民と共に声を上げた。「戦争したくなくてふるえる」と訴えた学生は、「民主主義って何だ！」と問いかけた。戦争法案反対の中に、立憲主義や国民主権といった政治の原点を追求した。そして、この闘いの中に声を上げたのは「大学生」ばかりではなかったのである。

高校生が結成した「T-ns SOWL」（Teens Stand Up To Oppose War Law）は、8月2日、5000人の高校生らを全国から集め、東京・渋谷の街をデモ行進した。首都に高校生の声が爆発したのであった。

主催した高校2年生は訴えた。（注2）

「僕は、今まで高校生が憲法や政治に興味を持つのはどこか違和感がある気がしていました。ですがこうやって活動している中で僕は思いました。高校生に政治に興味を持たせないようにしているのは社会の空気だと。だから学校では政治の話はタブーになってしまっています。それは、18歳選挙権が成立している今、望ましいことではありません！」

高校3年生は問いかけた。

「おれは受験生で、友達からもお前何やってんだよ、とかそういう言葉を投げられます。そう言われていろいろ考えることもありました。けどここにこうして立ってこうやって話している、これが今やるべきことなんです。若者は政治に無関心っていうのが最近の『普通』でした。でも今はこうして、高校生がこんなに人を集めている。じゃあなんで若者がこうやってこういうことをしているのか、それは今の内閣が『異常』だからです。憲法は、政治家を制限して、おれらの人権を守るためにあるんじゃないですか。」

別の高校2年生は、高校生と18歳選挙権について触れて次のように考えた。

「高校生という名前が、自分の思いを社会に伝える一つの壁でした。わたしは政治の事を考えるのに、年齢なんて関係ないと思います。選挙権が無いから政治の事を考えちゃ駄目なんて、いつ誰が決めたんですか？　もう政治がタブーなんて言葉、私たちの時代で終わりにしませんか？そんなものが存在したため、安倍総理みたいな独裁者が生まれたんじゃないんでしょうか？18歳選挙権、この言葉が形だけで終わりそうで、すごく怖いです。私は、この言葉が未来の子どもたちに希望を与える存在になってほしい。私たちが大人になっても戦後何十年という言葉があり続けるための、必要な存在であってほしい。

高校生が選挙に行っても、何も変わらないと思っている安倍総理に私は言いたい。あなたを政権の座から引きずり落とす存在に、18歳選挙権は必ずなります。高校生だって、思考し行動を続けます。学校の勉強や部活で忙しいし、本当は友だちと遊びたい。デモなんてやらないで、私だって原宿に行ってショッピングしたい。けど、そんな当たり前の生活を守り続けるために、今声をあげなければいけないんです！　一緒に民意をここで示しましょう！」

「69通達」粉砕こそが求められている

高校生は、今、社会に大きく声を上げようとしている。単に戦争法案に反対するのみならず、主権在民とは何か、高校生とはどういう存在であるべきかを問い始めている。闘いの火ぶたは切られたのだ。18歳選挙権が、２０１６年参院選で始まるのを前にして、有権者となろうとする高校生は、この国の、世界のあるべき姿を模索している。

文科省が、一方で「見直しを」と言いながら、実質的には「69通達」の立場に固執しているのは滑稽でしかない。高校生はそんなものにはとらわれることなく、もう既に新たなる決起を始めているのだ。国会の議論の中で、「撤回を」「廃止を」と求められながら、文科省は「今日でも通用する内容もあるということで、現在でも学校現場においてこの通知を踏まえた対応がなされている」と公言して恥じない。

だったら「見直し」なんてものに期待する必要はない！　学校内外で、「69通達」を死文化させ、高校生は自主的に立ち上がる権利がある。政治的活動、大いにやるべきなのだ。なぜなら、世界とこの国の将来は、若い世代にこそ関わってくる問題であるからだ。

もう一度、結論づけておきたい。「今、高校生の政治活動禁止が教育か」、答えは否である。実際の社会問題と切り離し、両手両足を縛りつけておきながら行われる暗記教育など、そんなものは教育とは呼べない！　あえて言う。高校生の政治活動こそが教育だ、と。

筆者は書中で、高校紛争はまだ終わっていない、と書いた。しかし、今日立ち上がった高校生の姿の中に、その答えの萌芽を見る。文科省が、高校生を無権利状態に置こうとする新通達など、一笑に付されれば十分だ。受験を前にして、あるいはバイト代をはたいて、それでも声を上げようとする高校生を前に、そんな「紙切れ」は無力でしかないからだ。求められているのは、もはや「69通達」の見直しではない。粉砕あるのみだ！

本書は、18歳選挙権法案審議の中で、「69通達」の「見直し」方針が示されたことを受けて、緊急出版された。金銭的にも、時間的にも限られた条件の中、多くの方々の協力を得て上梓することができた。共編著者として名を連ねさせて頂いた制服向上委員会の小川杏奈さん、清水花梨さん、そして多忙な中で本書の刊行に尽力頂いた橋本美香さん、高橋廣行プロデューサー、また多くの相談に乗って頂き、お力添えを頂いた社会批評社の小西誠さんには特に感謝を申し上げたい。

「子どものくせに」と蔑む社会が、高校生の声を受けとめられる社会に、高校生が社会の問題を自ら考えて意見を主張できる世の中へと変わっていくことを願ってやまない。

２０１５年10月

久保友仁

注１：http://kohoken.s5.pf-x.net/cgi-bin/folio.cgi?index=nen&query=/lib/khk086a1.htm
http://kohoken.s5.pf-x.net/cgi-bin/folio.cgi?index=nen&query=/lib/khk084a2.htm

注２：主催団体「T-ns SOWL」Facebookによる。以下同じ。
https://www.facebook.com/pages/T-ns-SOWL/896877097017955?ref=profile

●巻末資料

＊高等学校における政治的教養と政治的活動について

以下の文書が、本書が取り上げる「69通達」全文である。高校教育を展開していく上において、そして高校生が政治的・社会的活動に取り組むにあたって障壁となる歴史的な悪文である。長文ではあるが、本書を読み進めるにあたって、一読し、その内容をふまえて頂きたい。

文初高第四八三号
昭和四四年一〇月三一日
各都道府県教育委員会教育長・各都道府県知事・付属高等学校をおく各国立大学長・各国立高等学校長あて
文部省初等中等教育局長通達

高等学校における政治的教養と政治的活動について
高等学校における政治的教養を豊かにするための教育については、平素から種々ご配慮のことと存じますが、最近、一部の高等学校生徒の間に違法または暴力的な政治的活動に参加したり、授業妨害や学校封鎖などを行なったりする事例が発生しているのは遺憾なことであります。このようなことを未然に防止するとともに問題に適切に対処するためには、政治的教養を豊かにする教育のいっそうの改善充実を図るとともに政治的活動に対する学校の適切な指導が必要であることが痛感されます。ついては、文部省としては、別添のとおりこの問題についての見解を取りまとめたので送付します。なお、貴管下の高等学校長ならびに関係機関等に対しても、この趣旨の徹底を図られるようご配慮願います。

高等学校における政治的教養と政治的活動について

大学紛争の影響等もあって、最近、一部の高等学校生徒の間に、違法または暴力的な政治的活動に参加したり、授業妨害や学校封鎖などを行なったりする事例が発生しているのは遺憾なことである。このようなことを未然に防止するとともに問題に適切に対処するためには、平素から、教育・指導の適正を期することが必要であるが、特に高等学校教育における政治的教養を豊かにするための教育の改善充実を図るとともに他方当面する生徒の政治的活動について適切な指導や措置を行なう必要がある。

これらのことについては、かねてより都道府県教育長協議会、都道府県教育委員会指導事務主管部課長会や全国高等学校長協会においても検討されているところであるが、これらの団体や高等学校ＰＴＡ等多くの高等学校教育関係者から、問題の重要性と緊急性にかんがみ、統一的な見解ないし指導のよりどころとなる指針を求める声が強いので、文部省としても、上記諸団体や学識経験者の方々の協力を得て、関係者相互の共通の基本的理解のもとに、生徒に対し適切な指導が行なわれることを期待して次のような見解を取りまとめた。

目次

1　生徒の政治的活動が望ましくない理
2　生徒の政治的活動を規制することについて
3　生徒の政治的活動に関する留意事項

高等学校における政治的教養と政治的活動について

第1　高等学校教育と政治的教養

1　教育基本法第8条第1項に規定する「良識ある公民たるに必要な政治的教養は、教育上これを尊重しなければならない。」ということは、国家・社会の有為な形成者として必要な資質の育成を目的とする学校教育においても、当然要請されていることであり、日本国憲法のもとにおける議会制民主主義を尊重し、推進しようとする国民を育成するにあたって欠くことのできないものである。

2　生徒の発達段階、高等学校の現状とりわけ高等学校への進学者の著しい増加および最近の社会情勢などを考慮すると、高等学校教育における政治的教養を豊かにするための教育（以下「政治的教養の教育」という。）がよりいっそう適切に行なわれる必要がある。

3　高等学校における政治的教養の教育を行なうにあたっては、次のような基本的な事がらについてじゅうぶん配慮する必要がある。

（1）政治的教養の教育は、教育基本法第八条第二項で禁止している「特定の政党を支持し、又はこれに反対するための政治教育その他政治的活動」、いわゆる党派教育やその他の政治的活動とは峻別すること。

（2）学校教育は、単に政治的教養のみならず、生徒の全人格的な教養の涵養を目的とするものであるので、政治的教養の教育にかたよりすぎることなく、他の教育活動と調和のとれたものであること。

（3）政治的教養の教育は、生徒が、一般に成人とは異なって、選挙権などの参政権を制限されており、また、将来、国家・社会の有為な形成者になるための教育を受けつつある立場にあることを前提として行なうこと。

第2　高等学校における政治的教養の教育のねらい

1　将来、良識ある公民となるため、政治的教養を高めていく自主的な努力が必要なことを自覚させること。

2　日本国憲法のもとでの議会制民主主義についての理解を深め、これを尊重し、推進する意義をじゅうぶん認識させること。

3　政治的事象を客観的に理解していくうえに必要な基礎的な知識、たとえば民主主義の理念、日本国憲法の根本精神、民主政治の本質等について正確な理解を得させるとともに将来公民として正しく権利を行使し、義務を遂行するために必要な能力や態度を養うこと。

なお、その際、国家・社会の秩序の維持や国民の福祉の増進等のために不可欠な国家や政治の公共的な役割等についてじゅうぶん認識させること。

第3　政治的教養の教育に関する指導上の留意事項

1　指導上の一般的留意事項

（1）政治的教養の教育は、教科においては、社会科での指導が中心となるが、政治的教養の基礎となる生活態度を身につけさせるためには、ホームルームその他の特別教育活動・学校行事等においても適切な指導を行なうこと。

（2）指導にあたっては、学習指導要領に基づいて、指導のねらいを明確にし、系統的、計画的な指導計画を立てるとともに学習の内容と関係のない問題を授業中みだりに取り扱わないようにすること。

（3）特別教育活動および学校行事等における指導にあたっては、本来のねらいを逸脱することなく国家・社会の一員として共同生活を営むうえに必要な生活態度が身につくように、特に次のような事項について配慮すること。

ア　ホームルーム、生徒会活動などにおける討論を通じて自己の意見を正しく表明するとともに、他人の意見にじゅうぶん耳を傾け、これを尊重するという態度を身につけさせるようにすること。

イ　ホームルーム、生徒会などの集団活動に生徒が積極的に参加し、活動することを通じて望ましい人間関係が育成されるようにすること。

2　現実の具体的な政治的事象の取り扱いについての留意事項

政治的教養の教育については、上述した教育のねらいおよび指導上の留意事項をふまえて適切な指導を行なうことが必要であるが、特定の政党やその他の政治的団体の政策・主義主張や活動等にかかわる現実の具体的な政治的事象については、特に次のような点に留意する必要がある。

(1)　現実の具体的な政治的事象は、内容が複雑であり、評価の定まっていないものも多く、現実の利害の関連等もあって国民の中に種々の見解があるので、指導にあたっては、客観的かつ公正な指導資料に基づくとともに、教師の個人的な主義主張を避けて公正な態度で指導するよう留意すること。

なお、現実の具体的な政治的事象には、教師自身も教材としてじゅうぶん理解し、消化して客観的に取り扱うことに困難なものがあり、ともすれば教師の個人的な見解や主義主張がはいりこむおそれがあるので、慎重に取り扱うこと。

(2)　上述したように現実の具体的な政治的事象については、種々の見解があり、1つの見解が絶対的に正しく、他のものは誤りであると断定することは困難であるばかりでなく、また議会制民主主義のもとにおいては、国民のひとりひとりが種々の政策の中から自ら適当と思うものを選択するところに政治の原理があるので、学校における政治的事象の指導においては、一つの結論をだすよりも結論に至るまでの過程の理解がたいせつであることを生徒に納得させること。

なお、教師の見解そのものも種々の見解の中の1つであることをじゅうぶん認識して教師の見解が生徒に特定の影響を与えてしまうことのないよう注意すること。

（3）現実の具体的な政治的事象は、取り扱い上慎重を期さなければならない性格のものであるので、必要がある場合には、校長を中心に学校としての指導方針を確立すること。

（4）教師は、その言動が生徒の人格形成に与える影響がきわめて大きいことに留意し、学校の内外を問わずその地位を利用して特定の政治的立場に立って生徒に接することのないよう、また不用意に地位を利用した結果とならないようにすること。

なお、国立および公立学校の教師については、特に法令でその政治的行為が禁止されている。

（5）教師は、国立・公立および私立のいずれの学校を問わず、それぞれ個人としての意見をもち立場をとることは自由であるが、教育基本法第6条に規定されているように全体の奉仕者であるので、いやしくも教師としては中立かつ公正な立場で生徒を指導すること。

第4　高等学校生徒の政治的活動

最近、一部の生徒がいわゆる沖縄返還、安保反対等の問題について特定の政党や政治的団体の行なう集会やデモ行進に参加するなどの政治的活動を行なったり、また政治的な背景をもつて授業妨害や学校封鎖を行なうなど学園の秩序を乱すような活動を行なったりする事例が発生している。

このような事態にかんがみ、上述したねらいや指導上の留意事項等に基づいた政治的教養の教育が平素より適切に行なわれるようにすることが必要であるが、しかし当面しているこのような事例に適切に対処するためには、これに加えて、生徒の政治的活動に関し、下記のような事項についてじゅうぶん配慮する必要がある。

1　生徒の政治的活動が望ましくない理由

学校の教育活動の場で生徒が政治的活動を行なうことを黙認することは、学校の政治的中立性について規定する教育基本法第8条第2項の趣旨に反することとなるから、これを禁止しなければならないことはいうまでもないが、特に教育的な観点からみて生徒の政治的活動が望ましくない理由としては次のようなことが考えられる。

(1)　生徒は未成年者であり、民事上、刑事上などにおいて成年者と異なった扱いをされるとともに選挙権等の参政権が与えられていないことなどからも明らかであるように、国家・社会としては未成年者が政治的活動を行なうことを期待していないし、むしろ行なわないよう要請しているともいえること。

(2)　心身ともに発達の過程にある生徒が政治的活動を行なうことは、じゅうぶんな判断力や社会的経験をもたない時点で特定の政治的な立場の影響を受けることとなり、将来広い視野に立って判断することが困難となるおそれがある。したがって教育的立場からは、生徒が特定の政治的影響を受けることのないよう保護する必要があること。

(3)　生徒が政治的活動を行なうことは、学校が将来国家・社会の有為な形成者として必要な資質を養うために行なっている政治的教養の教育の目的の実現を阻害するおそれがあり、教育上望ましくないこと。

(4)　生徒の政治的活動は、学校外での活動であっても何らかの形で学校内に持ちこまれ、現実には学校の外と内との区別なく行なわれ、他の生徒に好ましくない影響を与えること。

(5)　現在一部の生徒が行なっている政治的活動の中には、違法なもの、暴力的なもの、あるいはそのような活動になる可能性の強いものがあり、このような行為は許されないことはいうまでもないが、このような活動に参加することは非理性的な衝動に押し流され不測の事態を招くことにもなりやすいので生徒の心身の安全に危険があること。

(6)　生徒が政治的活動を行なうことにより、学校や家庭での学習がおろそかになるとともに、それに没頭して勉学への意欲を失なってしまうおそれがあること。

2　生徒の政治的活動を規制することについて

基本的人権といえども、公共の福祉の観点からの制約が認められるものである。

さらに、生徒は、主として未成年者を対象とする高等学校教育を受けるという立場にある以上、高等学校教育の目的を達成するために必要なかぎりにおいて、その政治的活動は次のような種々の制約を受けるものである。なお、定時制課程等には成年に達した生徒も在学しているが、これらの生徒については成人としての権利を行使する場合等において他の生徒と異なった取り扱いがなされる場合もあるが、高等学校教育を受けるという立場においては学校の指導方針に従わなければならない。

（1）　教科・科目の授業はいうまでもなく、クラブ活動、生徒会活動等の教科以外の教育活動も学校の教育活動の一環であるから、生徒がその本来の目的を逸脱して、政治的活動の手段としてこれらの場を利用することは許されないことであり、学校が禁止するのは当然であること。なお、学校がこれらの活動を黙認することは、教育基本法第8条第2項の趣旨に反することとなる。

（2）　生徒が学校内に政治的な団体や組織を結成することや、放課後、休日等においても学校の構内で政治的な文書の掲示や配布、集会の開催などの政治的活動を行なうことは、教育上望ましくないばかりでなく、特に、教育の場が政治的に中立であることが要請されていること、他の生徒に与える影響および学校施設の管理の面等から、教育に支障があるので学校がこれを制限、禁止するのは当然であること。

（3）　放課後、休日等に学校外で行なわれる生徒の政治的活動は、一般人にとっては自由である政治的活動であっても、前述したように生徒が心身ともに発達の過程にあって、学校の指導のもとに政治的教養の基礎をつちかっている段階であることなどにかんがみ、学校が教育上の観点から望ましくないとして生徒を指導することは当然であること。特に違法なもの、暴力的なものを禁止することはいうまでもないことであるが、そのような活動になるおそれのある政治的活動についても制限、禁止することが必要である。

3　生徒の政治的活動に関する留意事項

学校は、平素から生徒の政治的活動が教育上望ましくないことを生徒に理解させ、政治的活動にはしることのないようじゅうぶん指導を行なわなければならない。その際、次のような点について留意する必要がある。

(1)　学校は、平素から生徒の希望等に耳を傾け教師と生徒との意思の疎通を図り、人間関係を深めるとともに生徒の動向を的確にはあくし、生徒がその本分に反するような行動を行なうことのないよう全教師が協力して指導にあたること。

(2)　一部の生徒が自らの主義、主張を実現するために他の生徒の授業を妨害したり、教室や学校を封鎖したり、またその他暴力的な行動や学園の秩序を破壊するような行動を行なったりすることは、たとえどのような理由があっても許されないことを生徒に認識させること。

なお、学校の平素からこのような事態が発生した場合に対処する方針を確立しておくことが必要である。万一不測の事態が起こった場合には、学校は毅然たる態度で生徒にのぞむとともに、一部の生徒のために学校の正常な授業の運営が阻害されるようなこととならないよう努力すること。

(3)　家庭との連絡を密にし、生徒の政治的活動に対する学校の指導方針について保護者の理解と協力を求めるとともに、適切な機会を通じて絶えず家庭や関係各方面との連携を図ること。

(4)　学校が教育上望ましくないとして指導したり、制限したり、禁止したりしたにもかかわらず、生徒が政治的活動を行なつた場合、その活動の実態、状況に即して判断した結果、指導だけではもはや教育上の効果が期待できない場合には適切な措置をとること。

なお、懲戒には本人に対する教育作用の面と他の生徒への影響や学校の秩序維持の面があることにじゅうぶん留意して、適切な措置を講ずることが必要である。この場合、国家・社会の法や秩序に違反するような活動や暴力的な行動については、常に厳然たる態度で適正な処分を行なうべきであることはいうまでもない。

＊児童の権利に関する条約（1989年11月20日国連採択、1994年5月22日発効）

第1条（児童の定義）　この条約の適用上、児童とは、18歳未満のすべての者をいう。ただし、当該児童で、その者に適用される法律によりより早く成年に達したものを除く。

第2条（差別の禁止）1　締約国は、その管轄の下にある児童に対し、児童又はその父母若しくは法定保護者の人種、皮膚の色、性、言語、宗教、政治的意見その他の意見、国民的、種族的若しくは社会的出身、財産、心身障害、出生又は他の地位にかかわらず、いかなる差別もなしにこの条約に定める権利を尊重し、及び確保する。

2　締約国は、児童がその父母、法定保護者又は家族の構成員の地位、活動、表明した意見又は信念によるあらゆる形態の差別又は処罰から保護されることを確保するためのすべての適当な措置をとる。

第3条（児童に対する措置の原則）1　児童に関するすべての措置をとるに当たっては、公的若しくは私的な社会福祉施設、裁判所、行政当局又は立法機関のいずれによって行われるものであっても、児童の最善の利益が主として考慮されるものとする。2（略）3（略）

第4条（締約国の義務）　締約国は、この条約において認められる権利の実現のため、すべての適当な立法措置、行政措置その他の措置を講ずる。締約国は、経済的、社会的及び文化的権利に関しては、自国における利用可能な手段の最大限の範囲内で、また、必要な場合には国際協力の枠内で、これらの措置を講ずる。

第5条（父母等の責任、権利及び義務の尊重）　締約国は、児童がこの条約において認められる権利を行使するに当たり、父母若しくは場合により地方の慣習により定められている大家族若しくは共同体の構成員、法定保護者又は児童について法的に責任を有する他の者がその児童の発達しつつある能力に適合する方法で適当な指示及び指導を与える責任、権利及び義務を尊重する。

第12条（意見を表明する権利）1　締約国は、自己の意見を形成する能力のある児童がその児童に影響を及ぼすすべての事項について自由に自己の意見を表明する権利を確保する。この場合において、児童の意見は、その児童の年齢及び成熟度に従って相応に考慮されるものとする。
2　このため、児童は、特に、自己に影響を及ぼすあらゆる司法上及び行政上の手続において、国内法の手続規則に合致する方法により直接に又は代理人若しくは適当な団体を通じて聴取される機会を与えられる。
第13条（表現の自由）1　児童は、表現の自由についての権利を有する。この権利には、口頭、手書き若しくは印刷、芸術の形態又は自ら選択する他の方法により、国境とのかかわりなく、あらゆる種類の情報及び考えを求め、受け及び伝える自由を含む。
2　1の権利の行使については、一定の制限を課することができる。ただし、その制限は、法律によって定められ、かつ、次の目的のために必要とされるものに限る。
（a）他の者の権利又は信用の尊重
（b）国の安全、公の秩序又は公衆の健康若しくは道徳の保護
第14条（思想、良心及び宗教の自由）1　締約国は、思想、良心及び宗教の自由についての児童の権利を尊重する。
2　締約国は、児童が1の権利を行使するに当たり、父母及び場合により法定保護者が児童に対しその発達しつつある能力に適合する方法で指示を与える権利及び義務を尊重する。
3　宗教又は信念を表明する自由については、法律で定める制限であって公共の安全、公の秩序、公衆の健康若しくは道徳又は他の者の基本的な権利及び自由を保護するために必要なもののみを課することができる。
第15条（結社及び集会の自由）1　締約国は、結社の自由及び平和的な集会の自由についての児童の権利を認める。
2　1の権利の行使については、法律で定める制限であって国の安全若しくは公共の安全、公の秩序、公衆の健康若しくは道徳の保護又は他の者の権利及び自由の保護のため民主的社会において必要なもの以外のいかなる制限も課することができない。

第29条（教育の目的）１　締約国は、児童の教育が次のことを指向すべきことに同意する。
（a）児童の人格、才能並びに精神的及び身体的な能力をその可能な最大限度まで発達させること。
（b）人権及び基本的自由並びに国際連合憲章にうたう原則の尊重を育成すること。
（c）児童の父母、児童の文化的同一性、言語及び価値観、児童の居住国及び出身国の国民的価値観並びに自己の文明と異なる文明に対する尊重を育成すること。
（d）すべての人民の間の、種族的、国民的及び宗教的集団の間の並びに原住民である者の理解、平和、寛容、両性の平等及び友好の精神に従い、自由な社会における責任ある生活のために児童に準備させること。
（e）自然環境の尊重を育成すること。
２　この条又は前条のいかなる規定も、個人及び団体が教育機関を設置し及び管理する自由を妨げるものと解してはならない。ただし、常に、１に定める原則が遵守されること及び当該教育機関において行われる教育が国によって定められる最低限度の基準に適合することを条件とする。

＊教育基本法（旧法、１９４７年3月31日施行）
第１条（教育の目的）教育は、人格の完成をめざし、平和的な国家及び社会の形成者として、真理と正義を愛し、個人の価値をたつとび、勤労と責任を重んじ、自主的精神に充ちた心身ともに健康な国民の育成を期して行われなければならない。

第2条（教育の方針）教育の目的は、あらゆる機会に、あらゆる場所において実現されなければならない。この目的を達成するためには、学問の自由を尊重し、実際生活に即し、自発的精神を養い、自他の敬愛と協力によつて、文化の創造と発展に貢献するように努めなければならない。

第3条（教育の機会均等）すべて国民は、ひとしく、その能力に応ずる教育を受ける機会を与えられなければならないものであつて、人種、信条、性別、社会的身分、経済的地位又は門地によつて、教育上差別されない。
2 （略）
第6条（学校教育） 法律に定める学校は、公の性質をもつものであつて、国又は地方公共団体の外、法律に定める法人のみが、これを設置することができる。
2 （略）
第8条（政治教育） 良識ある公民たるに必要な政治的教養は、教育上これを尊重しなければならない。
2 法律に定める学校は、特定の政党を支持し、又はこれに反対するための政治教育その他政治的活動をしてはならない。

●主な参考資料

＊参考書籍（順不同）

・『高校紛争』（柿沼昌芳・永野恒雄・田久保清志著、批評社、１９９６年）
・『高校紛争　１９６９――１９７０』（小林哲夫著、中公新書、２０１２年）
・『高校生の政治活動』（宮島尭著、明治図書、１９６９年）
・『高校生運動』（鈴木博雄著、福村出版、１９６９年）
・『高校紛争の記録』（中沢道明、学生社、１９７１年）
・『高校における政治的教養と自主的活動』上下巻（国民教育研究所編、明治図書、１９７０年）
・『東京の高校紛争』（北沢弥吉郎著、第一法規、１９７１年）
・『教育基本法第八条（政治教育）小史‐教育法社会学的小史』（永田照夫、西村信天堂、１９８５年）
・『教育法学』（有倉遼吉編、学陽書房、２０００年）
・『いま、教育基本法を読む』（堀尾輝久、岩波書店、２００２年）
・『別冊ジュリスト41　教育判例百選』（我妻栄編集代表、有斐閣、１９７３年）
・『別冊ジュリスト64　教育判例百選（第二版）』（小林直樹・兼子仁編、有斐閣、１９７９年）
・『憲法判例集第9版』（野中俊彦・江橋崇編著、有斐閣新書、２００４年）
・『日米の判例にみる停学・退学をめぐる事例集』（杉田荘治、学事出版、１９８７年）
・『政治参加と主権者教育』（全国民主主義教育研究会編、同時代社、２０１０年）
・『高校生と政治教育』（高元厚憲、同成社、２００４年）
・『もういちど読む山川日本史』（五味文彦・鳥海靖編、山川出版社、２００９年）
・『詳説　日本史史料集再訂版』（笹山晴生・五味文彦・吉田伸之・鳥海靖編、山川出版社、２０１３年）

・『改訂新ポケット判子どもの権利ノート』（子どもの権利・教育・文化全国センター、2002年）

＊拙稿

・早稲田大学教職課程「特別活動論」レポート「子どもの権利条約と高校生の政治的活動　条約批准国会審議と2回の国連審査で『69通達』はどう問題視されたか」2004年6月11日
・東京学芸大学教育学部附属高等学校生徒会誌「辛夷」40号「学芸大附高学園闘争記」2002年3月1日
・『未来をひらく教育』（全国民主主義教育研究会、2005年2月号）、「高校生の政治活動禁止が教育か」
・『月刊家庭科研究』（家庭科教育研究者連盟、2004年9月号）「高校生の声を社会へ！文部省通達をめぐる論考」

編著者略歴

＊久保友仁　（くぼ　ともひと）
1985年2月4日生まれ。早稲田大学政治経済学部政治学科中退。「子どもの権利条約　市民・ＮＧＯ報告書をつくる会」会員。

米国同時多発「テロ」以降、「超党派反戦高校生」を自称して、アフガン・イラク反戦を闘い抜いた。『ＮＯ　ＷＡＲ！－ザ・反戦メッセージ』（瀬戸内寂聴・鶴見俊輔・いいだもも編著、社会批評社、2003年）において「高校生のピースフル・メッセージ　いま、高校生たちが街頭に出はじめた！」を寄稿。

2004年に「第２回子どもの権利条約　市民・ＮＧＯ報告書をつくる会」の活動の一環である「子どもの声を国連に届ける会」事務局員として、国連子どもの権利委員会で「69通達」の問題を訴えた。

＊小川杏奈　（おがわ　あんな）
1994年4月15日生まれ。現在大学３年生。

保育について学び、将来は保育の仕事に携わることをめざしている。

制服向上委員会13期生として、2006年6月から活動。2010年から、９代目リーダーを務め、３・11以降の激動の中で、脱原発などを扱った歌で社会の問題を訴え続けた。2014年9月、制服向上委員会を卒業。

2015年7月1日から制服向上委員会の３代目会長に就任し、グループの活動を支えている。

＊清水花梨　（しみず　かりん）
1996年11月19日生まれ。現在大学１年生。

人と関われる仕事がしたいと思い、今はいろいろなことを勉強しながら、自分が何をしたいのか考えている。

制服向上委員会13期生として、2006年6月から活動。2014年、小川杏奈の卒業を受けて10代目リーダーに就任。グループの中心としてメンバーを支え、先頭に立って社会の問題を訴える。

●問う！ 高校生の政治活動禁止
—18 歳選挙権が認められた今

2015 年 10 月 28 日　第 1 刷発行

定　価　（本体 1800 円＋税）
編著者　久保友仁・小川杏奈・清水花梨
装　幀　根津進司
発行人　小西　誠
発　行　株式会社　社会批評社
東京都中野区大和町 1-12-10 小西ビル
電話／ 03-3310-0681　FAX ／ 03-3310-6561
郵便振替／ 00160-0-161276
URL　http://www.maroon.dti.ne.jp/shakai/
Facebook　https://www.facebook.com/shakaihihyo
Email　shakai@mail3.alpha-net.ne.jp
印　刷　シナノ書籍印刷株式会社

社会批評社　好評発売中

●火野葦平 戦争文学選 全７巻セット　定価（10,700 円＋税）
『土と兵隊　麦と兵隊』（１巻）、『花と兵隊』（２巻）、『フィリピンと兵隊』（３巻）、『密林と兵隊』（４巻）、『海と兵隊　悲しき兵隊』（５巻）、『革命前後』（６巻・７巻）を刊行。小社の戦後 70 年企画。

●土と兵隊　麦と兵隊（第１巻）　四六判 229 頁 定価（1500 円＋税）
アジア・太平洋戦争のほぼ全域に従軍し、「土地と農民と兵隊」、そして戦争を描いた壮大なルポルタージュ！　極限の中の兵隊と民衆……戦争の実相を描く長大作の復刊。**重版出来　＊日本図書館協会選定図書**

●自衛隊 この国営ブラック企業　四六判 230 頁　定価（1700 ＋税）
—隊内からの辞めたい 死にたいという悲鳴
パワハラ・いじめが蔓延する中、多数の現職自衛官たちから「自衛官人権ホットライン」に届く、辞めたい 死にたいという悲鳴。安保＝戦争法が成立させられた今、初めてこの実態を暴く。

増田都子／著　四六判　定価（2200 円＋税）
●昭和天皇は戦争を選んだ！
—裸の王様を賛美する育鵬社版教科書を子どもたちに与えていいのか
安倍首相推薦の育鵬社版「歴史教科書」—「国民とともに歩んだ昭和天皇」論は「歴史偽造＝真っ赤なウソ物語」だ。戦前戦後の多数の資料を駆使して実証する。**高嶋伸欣（琉球大名誉教授）、鈴木邦男（一水会顧問）推薦！重版出来**

藤原 彰／著　四六判　各巻定価（2500 円＋税）
●日本軍事史（戦前篇・戦後篇）
—戦前篇上巻 363 頁・戦後篇下巻 333 頁
江戸末期から明治・大正・昭和を経て日本軍はどのように成立・発展・崩壊していったのか？　この近代日本（戦前戦後）の歴史を軍事史の立場から初めて描いた古典的名著。本書は、ハングル版など世界で読まれている。
＊日本図書館協会選定図書。電子ブック版有。

小西　誠／著　四六判 222 頁 定価（1600 円＋税）
●シンガポール戦跡ガイド—「昭南島」を知っていますか？
アジア・太平洋戦争のもう一つの戦場、マレー半島・シンガポール—そこには、今も日本軍とイギリス軍・現地民衆との間の、激しい戦闘の傷痕が残る。約 200 枚の写真とエッセイでその足跡を辿る。**＊日本図書館協会選定図書**
『サイパン ＆ テニアン戦跡完全ガイド』『グアム戦跡完全ガイド』も発売中。